「満室」になる物件選びで初めてでも安心！

「入居率95％超え」を誇る管理会社だからわかる「収益不動産」購入の秘訣！

新常識

相続税対策！
資産形成！
個人年金！

株式会社市萬　代表取締役
西島 昭

中小企業診断士
山村 諭史

はじめに

本書を手に取っていただき、ありがとうございます。

私は東京で不動産の問題解決に特化したコンサルティング会社「株式会社 市萬」を経営しています。

これまで、資産家の方を中心に多くのお客様とお会いし、借地や相続対策、立地条件の悪い土地の有効活用、空室対策など、不動産に関するあらゆる問題を解決してきました。

その中でも特に多いのが空室に関するご相談です。当社では、賃貸不動産の管理業務を通してそれらの問題解決を行っており、２０２０年3月現在、**管理戸数１８００戸超、入居率96％**という実績をあげています。

当社の管理の特長は、管理物件の7割以上が入居者の募集に不利な「築20年越え」の古い物件であるにも関わらず、高入居率を実現できていることです。これは、経験やノウハウの蓄積、高い運営スキルがあってこそだと自負しています。

当社のお客様は金融機関からのご紹介がほとんどで、代々続く地主やすでに収益不動産をお持ちの賃貸オーナーがメインとなっています。最近ではそのような方々から「新たに収益不動産を購入したいが、どうしたらよいかわからない」というご相談を多くいただくようになりました。

そこで、収益不動産の購入に興味をお持ちの方や、具体的に購入を検討されている方のための入門書として、本書を執筆させていただく運びとなりました。

インターネットの普及もあり、誰もが簡単に不動産情報を得られるようになり、収益不動産は昔と比べてより身近な存在になっています。

一方で、一部の悪質な不動産会社による購入トラブル、不祥事など、ネガティブな報道も増えています。

「収益不動産を購入したいけれど、多額の借金までして大丈夫だろうか」
「不動産会社に騙されそうで怖い」
「素人の自分に不動産経営ができるのだろうか」
「大きく相場が下がったら損をするのではないか」

さまざまな不安を感じ、なかなか一歩を踏み出せないという方も多いのではないでしょうか。

収益不動産購入の不安・・・

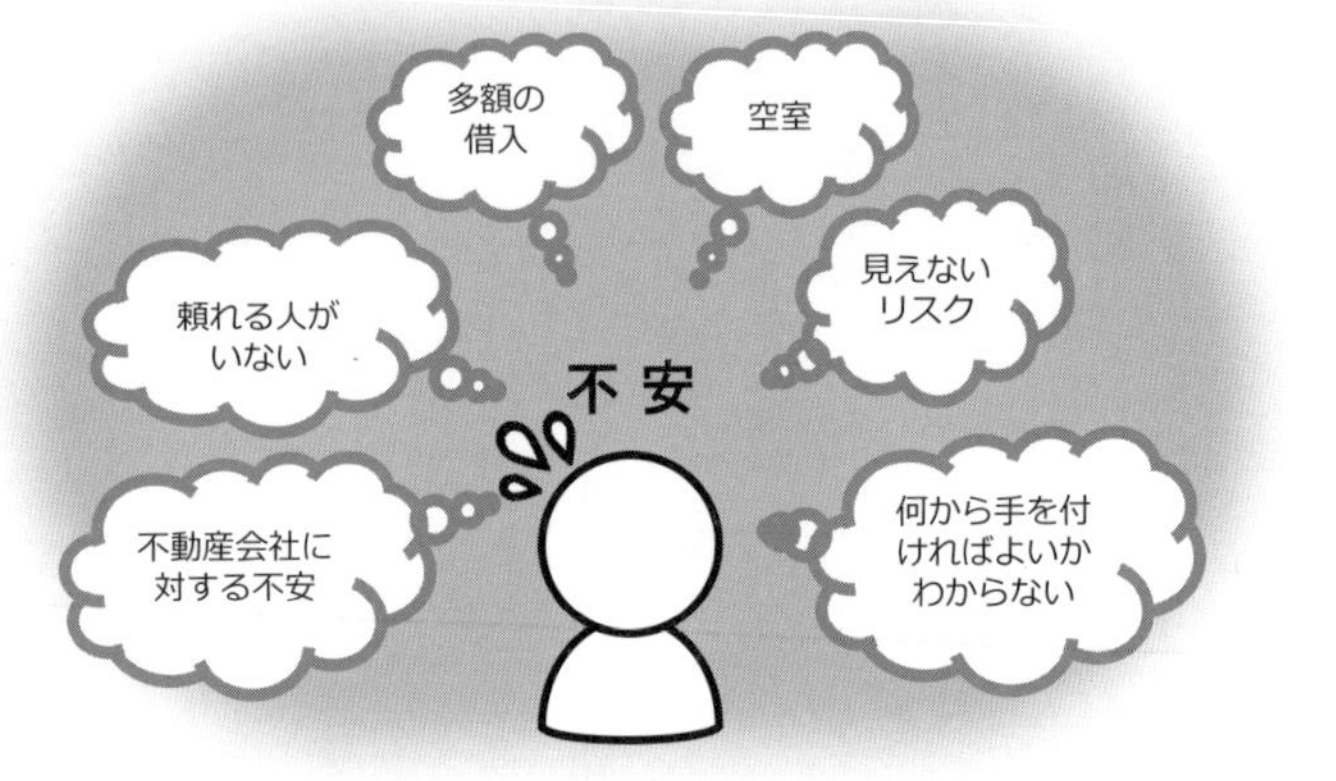

確かに収益不動産にはさまざまなリスクがあります。

なかでも最大のリスクは、空室と賃料の下落でしょう。せっかく収益不動産を購入しても長期間空室が続き埋まらない、あるいは賃料が下落して採算が合わないとなれば、賃貸経営自体が成り立ちません。

その他にも、相場の急な変動や、台風や地震などの自然災害、事件・事故などもリスクだといえます。

しかし、私が本書で皆様にお伝えしたいのは、**収益不動産には不動産特有のリスクがあったとしても、それを補って余りある魅力とメリットもある**ということです。長期にわたって安定した収入が得られる、資産形成ができる、所得税の節税、相続税対策になる・・・など。その点についても、本書で詳しくご紹介していきます。

空室が増えてきた古い物件を多く扱い、4000件以上の不動産相談を受けた当社だからわかる、**失敗しない収益不動産選びのポイントや、実践的な収益不動産購入ノウハウ、管理会社選びのポイント**などを、経験のない方向けにわかりやすくお伝えしていきます。

本書が、読者の皆様の収益不動産購入の一助になれば、これ以上の幸せはありません。

株式会社市萬　代表取締役　西島 昭

● 目次 ●

はじめに……2

第1章 収益不動産購入の魅力とその特徴

1 収益不動産とは？……14
2 収益不動産は、将来の先行きが不安な時代に有効な資産形成手段……16
メリット① 収入が安定している……17
メリット② 融資を使える……19
メリット③ 節税効果が期待できる……19
メリット④ セカンドビジネスとして取り組みやすい……25
3 収益不動産価格と変動サイクル……26
収益不動産の価格を決める要素とは？……26
融資情勢が与える不動産価格への影響と直近10年間の価格推移……30

価格下落局面こそ収益不動産購入のチャンス……33
中小企業診断士コラム1 不動産賃貸業は立派な事業……36

第2章 こんなはずじゃなかった…収益不動産購入の失敗事例

1 不動産特有の注意点を知る……42
注意点① 流動性が低い……43
注意点② 収益不動産特有のリスクがある……45
注意点③ 取引コストが高い……48
2 収益不動産購入で失敗する4つの原因……50
失敗①：不動産特有のリスクを甘く見た
【修繕リスクを見逃し、購入後、多額の修繕費用が発生・・・】……52
失敗②：市場（マーケット）を見誤った
【賃貸物件の供給過多・需要減エリアに賃貸併用住宅を建築】……54
失敗③：収支予測の甘さを見抜けなかった
【賃料・修繕費の見通しが甘く、自転車操業に・・・】……56

失敗④：パートナー選びを誤った
【不動産会社のいうがままに購入して失敗・・・】……58

中小企業診断士コラム2 〝戦わない〟マーケティングという選択肢……61

第3章 〝お金が貯まる〟収益不動産購入のポイント

1 収益不動産購入は「長期保有で着実にお金を稼ぐ」時代……66
収益不動産活用の損益は、どう決まるのか……66
これからの時代の収益不動産購入戦略……70

2 失敗しないための収益不動産購入法……72
購入ポイント① 物件調査による不動産特有のリスク把握……73
◆重要なのは「物件調査」という事前対策……73
◆重要事項説明に関する物件調査とは……74
購入ポイント② マーケットを考慮した立地選び……77
◆「場所」だけではなく「エリア特性」や「需要」を確認……77

◆将来の発展を見据え、より安定した経営を目指す……80
購入ポイント③ 税引後キャッシュフローの試算（シミュレーション）……88
◆賃料の設定……91
◆支出の設定……94
◆税金の設定……102
購入ポイント④ 信頼できるパートナー選び……103
◆売買はもちろん、管理の実績が伴った会社であるか？……104
◆メリットだけでなく、デメリットも伝えてくれるか？……105
3 収益不動産購入の実践手順……106
実践手順① 購入目的を明確にする……107
◆資産形成……107
◆節税対策……108
実践手順② 仮の事業シミュレーションを行う……109
実践手順③ 金融機関に融資相談……110
中小企業診断士コラム3 「財務3表」は個人の資産把握にこそ活用すべし……112

第4章 〝買ったら終わり〟ではない賃貸管理の重要性

1 収益不動産はその後の賃貸管理で決まる！……118
2 賃貸管理において最も優先すべきは「高入居率の実現」……122
3 高入居率実現のポイント……124
4 管理会社の選び方……128
幅広い募集ができる管理会社を選ぼう……132
管理会社選びのチェックポイント……133
ケーススタディ（成功事例）……134
ケーススタディ①：資産形成・安定収入……134
ケーススタディ②：税対策（相続税対策）……138
中小企業診断士コラム4 製造業と不動産賃貸業の共通点
～全体最適の重要性～……142

第5章 入居率95％超えを84カ月連続で達成し続ける「市萬」の〝とっておき〟管理事例

市萬の管理事例① 清潔感と明るさを演出した共用部整備……148
市萬の管理事例② 入居者の嗜好にオンリーワンの魅力をプラスしたリフォーム……150
市萬の管理事例③ トレンドに合わせた専有部リフォーム工事と共用部整備……152
市萬の管理事例④ 営業力アップのための幅広い募集と募集営業……154
市萬の管理事例⑤ 魅力が伝わる募集図面を作成し、幅広く募集……156
特別座談会……159
データから読み解く、最新の収益不動産価格の推移と今後の見通し
ゲスト：健美家株式会社　代表 倉内 敬一 氏
おわりに……189

第1章

収益不動産購入の魅力とその特徴

1 収益不動産とは？

収益不動産とは、自分たちが居住・使用する目的ではなく、第三者に賃貸して収益を上げることを目的とした不動産のことです。不動産を賃貸することによって収益を上げる事業であることから「不動産賃貸業」とも呼ばれます。

不動産賃貸業の基本となる売り上げは、その不動産を貸すことで得られる賃料収入です。一方、物件の取得費用の他、貸すために必要なリフォーム費用や不動産会社へ入居者探しを依頼する手数料、固定資産税などが経費として発生します。

つまり不動産賃貸業とは、**毎月得られる賃料収入から毎月の返済や業務委託手数料などの必要経費を引き、その差額で収益を得る事業**ということです。

また、物件の保有中にその物件価値が上昇し、購入した時より高く売却することができれば、売却益（キャピタルゲイン）を得ることもできます。

建物用途による分類

○居住用：アパート、マンション、テラスハウス、戸建 等
○事業用：店舗、事務所、工場、倉庫、作業場 等

所有形態による分類

○一棟収益物件
○区分収益物件（分譲マンション 等）

建物構造による分類

○木造　○鉄骨造　○鉄筋コンクリート造

その他

○中古物件　○新築物件　○土地＋建物新築

ちなみに、ひとくちに収益不動産といってもさまざまな種類があります。一般的に知られているのは、居住用の収益不動産であるアパートやマンションですが、店舗や事務所、工場や倉庫などを賃貸する事業用の収益不動産もあります。また、所有形態による分類でいうと、物件を一棟まとめて購入するのか、分譲マンションのように区分で購入するのかという違いもあります。

その他にも中古物件なのか、新築物件なのかという分類もでき、なかには土地から購入して自ら収益不動産を建てるという方法もあります。

2 収益不動産は、将来の先行きが不安な時代に有効な資産形成手段

人口減少や年金制度の崩壊、繰り返される増税などによって、先行きの見えない将来に不安を感じている人は少なくありません。

そのような将来の不安を解消するため、多くの人が考えるのが新たな収入源の確保や資産形成です。昨今の不動産投資ブームもこの流れの一環でしょう。

実際「新たな収入源の確保」「資産形成」というと、多くの方が思い浮かべるのは、新たなビジネスを起こす起業や金融商品による資産運用（株式・債券）ではないでしょうか。本書のテーマである収益不動産購入も、その選択肢の一つとして挙げられることが多くあります。

実は、そんな数あるビジネス・資産運用の中でも、収益不動産による資産形成は、他の方法と比較して次の4つのメリットがあります。詳しく見ていきましょう。

他の資産との比較

	収益性	換金性	節税性
現金	×	◎	×
株	△	○	×
土地	△	△	△
収益不動産	○	△	◎

収益不動産活用のメリット

メリット①収入が安定している
メリット②融資を使える
メリット③節税効果が期待できる
メリット④セカンドビジネスとして取り組みやすい

メリット① 収入が安定している

収益不動産における収入とは賃料収入を指します。一般的に、不動産の賃貸では半年や1年という短い期間での退去は稀です。居住用の賃貸の場合、学生であれば2〜4年、ファミリー層であれば4〜6年程度は住み続けることになります。

したがって、不動産賃貸業では、**一度賃貸借契約を締結できれば、その後数年にわたって定額の賃料**

収入が得られる見通しが立つことになります。これは毎月の収入・売上が変動しやすい一般的なビジネスや投資にはない、大きな特徴の一つです。

もちろん、築年数が経過するにつれ、賃料が下落するのではという不安要素はあります。しかし、賃料の場合は株価や一般的なビジネスにおける売上のように、経済動向や金融市場と連動して大きく上下するということはありません。

また、仮に賃貸借契約の解約があった場合でも、通常解約には予告期間が1～3カ月程度設けられています。したがって、今日の明日ですぐに賃料収入が得られなくなるようなケースは少なく、予告期間の間に次の募集に向けた対策を打つこともできます。

さらに、予想外の滞納や夜逃げなどのリスクについても、入居審査や賃料保証会社の活用などの事前対策を打つことで、リスクの発生確率自体を低くすることや、発生した場合でも損失を埋めることが可能です。

以上のような理由から、**収益不動産による資産形成では、その収入が安定しているという点が大きなメリット**として挙げられます。

メリット② 融資を使える

収益不動産は、**不動産購入に当たって融資を受けられる・受けやすい**という点が、他の金融商品や新規ビジネスにはない特長です。

日本の金融機関は、担保を重視して融資する傾向が強いといえます。その点、収益不動産による不動産賃貸業では、事業として収支予測がしやすく、かつ土地・建物自体が担保としての役割を果たしてくれるため、一般的な新規ビジネスと比較して融資を受けやすいのです。

融資を使うということは、自らの資金だけではなく、他人の資金を使って事業を始められるということです。自己資金の何倍もの初期投資で事業をスタートできるため、**効率的に資産を増やすことが可能**になります。

メリット③ 節税効果が期待できる

収益不動産を上手く活用することで、**所得税や相続税の節税**につなげることができます。

所得税対策になる仕組み

収益不動産による所得税対策は、不動産賃貸業で発生した損益を、本業における所得と通算（相殺）できるという仕組みを活用するものです。この仕組みを「**損益通算**」といいます。**不動産賃貸業でキャッシュフローを出しつつ、損益通算で本業の所得税を軽減します。**

例えば、不動産賃貸業で収入100に対し経費が150かかったとします。その場合、税務上は50の赤字（損失）です。

この賃貸経営で計上された赤字（損失）50は、損益通算という仕組みによって、本業で稼いだ所得150と相殺して、本業の課税所得を100にまで圧縮することができます。仮に所得税率を50%とした場合、もともとの本業所得に課税される税金が150×50%＝75であったものを、不動産賃貸業による赤字と損益通算することによって100×50%＝50にまで抑えられることになります。これが収益不動産を活用した所得税対策の仕組みです。

なぜ、収益不動産が所得税の節税につながるのか

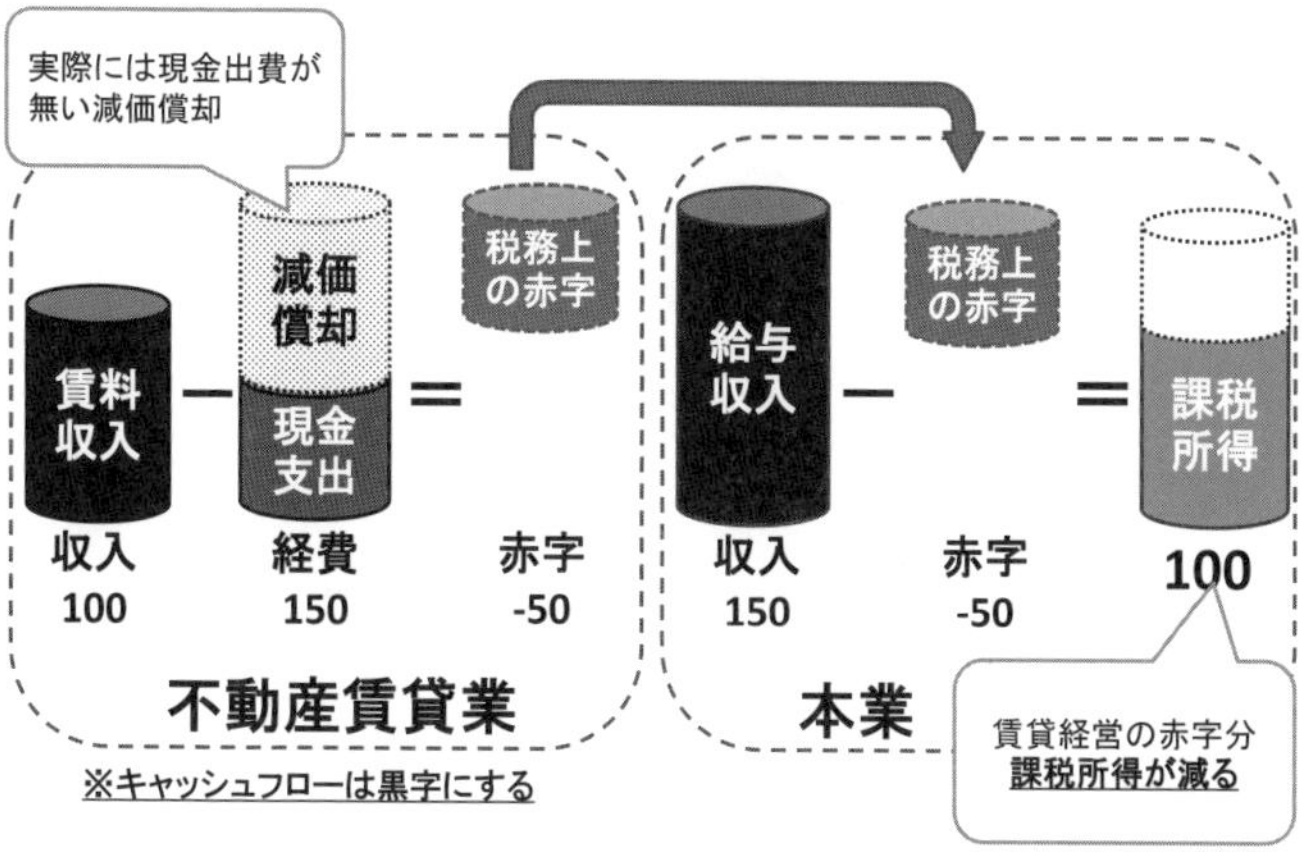

この方法で一番大事なのは、**不動産賃貸業において税務上の赤字を出すと同時に、実際の現金の出入りであるキャッシュフローは黒字にしておく**ということです。これを実現するためには**減価償却の活用**がポイントになります。

減価償却とは、購入した収益不動産の建物と設備の費用を購入時に一括で経費計上するのではなく、経年による資産価値の減少に合わせて、数年に分けて経費計上する税制上の仕組みです。

例えば、1億円の収益不動産（建物5000万円、土地5000万円）の収益不動産を購入した場合、建物の購入費用5000万円を購入した年に一括で経費計上するのではなく、その建物の耐用年数に合わせて分

割して経費計上します。

仮にこの建物の法定耐用年数が残り20年だとした場合、5000万円÷20年=250万円/年という計算となり、20年に渡り毎年250万円ずつ経費計上することになります。

この減価償却の特徴は、**実際には現金の支出がないにも関わらず、税務上では経費として計上できる**ということです。つまりこの減価償却をなるべく大きく計上することによって、税務上の損益を赤字にしつつ、キャッシュフロー(実際の現金の出入り)は黒字という状況を作り出すことができます。

相続税対策になる仕組み

収益不動産購入による相続税対策は、**資産を収益不動産に組み替え、相続税評価額を圧縮する**ものです。

相続税の算出は、亡くなられた方が保有していた相続資産の評価額に相続税率をかけて算出されます(ここではわかりやすさを重視するため、基礎控除などの細かい計算を割愛します)。例えば、亡くなられた方が現金1億円を保有していたとします。

収益不動産の相続税評価額が時価と比較して低い理由

＜建物＞

固定資産税評価額 × (1－0.3)

建築費（建物の時価）の７割程度　借家権割合による評価減

＜土地＞

相続税路線価 × 面積 × (1－0.7×0.3)

土地の時価の８割程度　貸家建付地による評価減

現金の場合、そのまま相続税評価額として計算されますので、相続税率が50%であった場合、相続人には1億円×50%＝5000万円の相続税が発生することになります。

一方で、同じ1億円という価値の資産でも、現金ではなく収益不動産として保有していた場合はどうなるでしょう。実は収益不動産は、市場価格（時価）がそのまま相続税評価額として適用されることはなく、土地は「相続税路線価×面積」、建物は「固定資産税評価額」をベースに評価されます。この評価額となる数値が時価と比べて低いことに加え、さらに第三者に賃貸している場合、一定の評価減を受けられるという仕組みがあり、収益不動産は時価と比べて相続税評価額を抑えることができるのです。

現金・土地・収益不動産の相続税評価額の違い

	時価	相続税評価額
現金	1億円	1億円
土地	1億円	8000万円前後
収益不動産	1億円	5000万円前後

具体的には、土地の場合、相続税路線価が時価の8割程度の評価であること、また、貸家建付地扱いとなることで、さらに2割程度の評価減を受けることができます。建物の場合、固定資産税評価額が建築費の約7割程度の評価であること、また、借家権割合による評価減でさらに約3割程度の評価減を受けることができます。

以上の評価減によって、最終的には土地は時価の6割前後、建物は建物価格の5割程度になるような仕組みです。

これらの評価減の効果によって、例えば東京23区内の一棟収益不動産の場合は、市場価格（時価）の約5割程度にまでその相続税評価額を抑えることができます。仮に現金1億円と同価値である1億円の収益不動産を保有していた場合でも、その不動産の相続税評価額は5000万円前後となり、相続税率が50％であった場合、5000万円×50％＝2500万円の相続税で済むことになります。

「相続税対策には収益不動産が効果的」といわれるのは、この市場価格（時価）と相続税評価のギャップを利用することで相続税を節税する効果があるためです。

メリット④ セカンドビジネスとして取り組みやすい

収益不動産による不動産賃貸業は、うまく仕組み作りさえできれば、**自らの時間や労働力を最小限にできるため、セカンドビジネスとして取り組みやすい**というメリットがあります。

不動産賃貸業における一般的な実務には、入居者の募集・契約・要望対応・入金管理などさまざまな業務があります。そしてこれらの業務の中には、突発的に発生し、緊急対応が必要となるものも少なくありません。

しかし、これらの業務は必ずしも賃貸オーナー自らが対応する必要はなく、賃貸経営を代行する不動産管理会社などに任せることも可能です。不動産管理会社とは賃貸オーナーに変わり、不動産賃貸業における業務全般を代行する会社のことをいいます。

信頼できる不動産管理会社と協力し、賃貸管理の仕組みを作ってしまえば、オーナー自らの手間や時間を費やすことなく賃貸経営をすることが可能なので、本業を続けながらでもセカンドビジネスとして取り組みやすい事業といえます。

3

収益不動産価格と変動サイクル

収益不動産の価格を決める要素とは？

収益不動産の価格はどのように決まるのでしょうか。

一般的に、収益不動産の価格は、**収益還元法**（年間の賃料収入÷相場利回り）という方法で算出されます。

例えば、年間賃料収入が１０００万円の収益不動産で、その物件の立地や特性に基づく相場利回りが５％である場合、その収益不動産の価格は１０００万円÷５％＝２億円となります。

収益不動産価格＝年間の賃料収入÷相場利回り

例えば・・・

●年間賃料収入1000万円の収益不動産

●相場利回り5%の収益物件

年間賃料収入 1000万円 ÷ 5％（相場利回り） ＝ 不動産価格 2億円

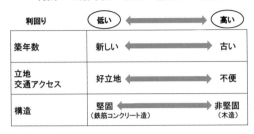

利回りと築年数・立地・構造との関係

利回り	低い ⟷ 高い
築年数	新しい ⟷ 古い
立地 交通アクセス	好立地 ⟷ 不便
構造	堅固（鉄筋コンクリート造） ⟷ 非堅固（木造）

二子玉川駅を最寄りとする収益不動産の場合

築年数	新築 約6% ⟷ 築25年 約8%
立地 交通アクセス	駅徒歩5分 約5% ⟷ バス便 約7%
構造	堅固 約6% ⟷ 非堅固 約8%

ここでいう利回りとは、**収益不動産の投資効率**（年間の賃料収入÷収益不動産価格）のことです。利回りには相場があり、収益不動産の購入検討者がその物件の立地や建物特性（築年数・構造など）に基づいて、**どれくらいの投資効率を求めるかで相場が決まってきます。**

一般的には「好立地・築浅」というような、将来の資産価値や賃料収入が安定して見込める物件は、投資効率が多少悪くても購入希望者がいるために価格が高くなり、利回りは低くなります。逆に「立地が悪く・築古」というような将来の資産価値や賃料収入が不安定な物件は、投資効率がそれなりによくないと購入するメリットがないため、価格は低くなり、利回りは高くなります。

例えば、同時期（2020年1月）に売買取引が成立した、同じ年間500万円の賃料収入がある収益不動産の取引価格を比較してみましょう。

事例①のパターンでは2物件とも、ほぼ同じ築年数・構造の収益不動産ですが、好立地のためAマンションの方が価格が高く、その分低い利回りで取引されています。

一方、事例②のパターンでは、立地・構造は似ているものの、築年数が浅いBマンションの方が価格が高く、その分低い利回りで取引されています。

このように**相場利回りというのは、物件の立地や特性によって変わってくる**のです。そしてこの考え方（収益還元法）に基づくと、**収益不動産は物件の賃料収入が大きく相場利回りが低いほど、その価格が高くなる**、ということになります。

＜事例①＞

	Aマンション	Bマンション
立地	東京都目黒区	神奈川県 相模原市
築年数	築19年	築20年
構造	鉄骨造	鉄骨造
年間収入	500万	500万
利回り	約**6**%	約**9**%
価格	**8300**万円	**5500**万円

＜事例②＞

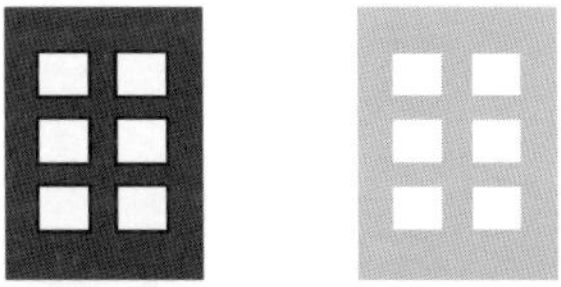

	Aマンション	Bマンション
立地	東京都世田谷区	東京都世田谷区
築年数	築30年	築5年
構造	鉄骨造	鉄骨造
年間収入	500万	500万
利回り	約**7**%	約**5**%
価格	**7100**万円	**1億**円

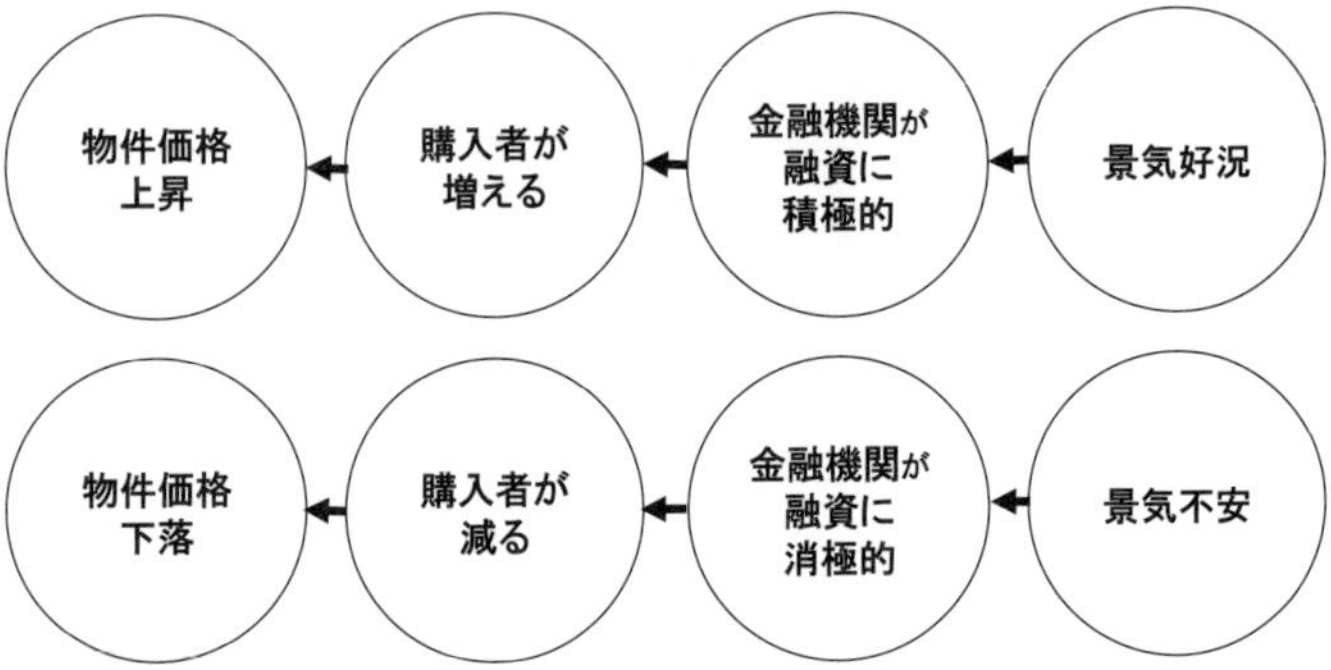

融資情勢が与える不動産価格への影響と直近10年間の価格推移

相場利回りは、物件の立地や建物特性（構造・築年数など）によって決まってくると先述しましたが、それ以外にも**相場利回りに大きく影響するのが融資情勢**です。

収益不動産を購入する方の多くは、自己資金だけでなく金融機関の融資を使って物件を購入しますが、金融機関の融資姿勢は、その時の経済情勢や景気動向によって大きく変わってきます。

つまり、金融機関は常に融資を積極的に行っているわけではなく、融資に積極的な局面もあれば逆に消極的な局面もあるということです。

収益不動産価格と金融機関の貸し出し態度指数

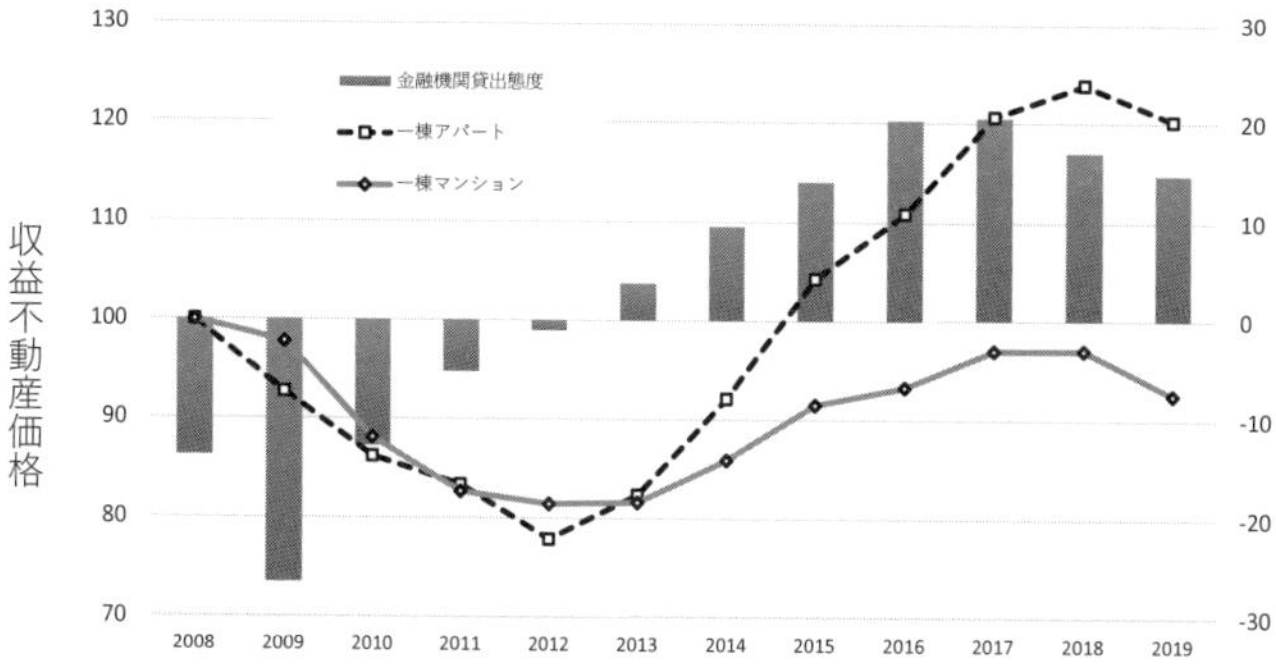

※出典：日本銀行『短観（全国企業短期経済観測調査）』、健美家㈱『収益物件市場動向年間レポート』
より㈱市萬が作成
※収益不動産価格は2008年を100として算出

一般的に金融機関が融資に積極的な局面では、収益不動産を購入検討できる人の割合が増えるので、市場の購入意欲に呼応して物件価格は上昇します。一方で金融機関が融資に消極的な局面では、収益不動産を購入検討できる人の割合が限定されるため、物件価格は下落します。

実際に、過去の収益不動産の価格推移を調べてみると、そのときどきの**景気動向や融資情勢に影響され、価格が数年~数十年単位で上下のサイクルを繰り返しているこ**とがわかります。

上図は直近10年間の収益不動産価格と金融機関の融資姿勢（貸出態度指数）を重ね合わせたグラフです。２００８年のリーマンショックをきっかけに金融機関が融資に

収益不動産の価格サイクル

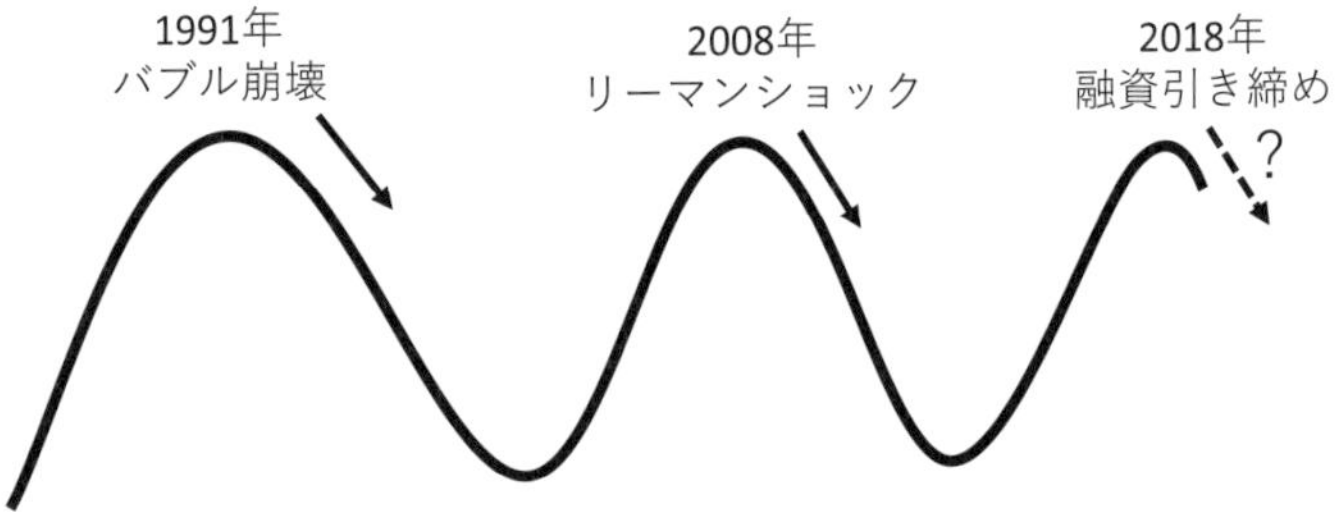

消極的になり、連動するように収益不動産価格が下落していることがわかります。一方、2012年の安倍政権発足・金融緩和以降は金融機関が融資に積極的となり、それに追随するように収益不動産価格は上昇しています。

ちなみに2020年3月現在、金融機関の収益不動産への融資情勢はどうなっているのでしょうか。2018年のスルガ銀行をはじめとする金融機関の不動産投資への不適切融資問題をきっかけに、これまでの積極姿勢とは一転、引き締めの流れが続いています。それに追随するように、2019年の収益不動産価格は2018年と比べて下落していることがわかります。

価格下落局面こそ収益不動産購入のチャンス

次に、収益不動産価格の相場サイクルと収益不動産購入のタイミングについて考えてみましょう。

繰り返しになりますが、2020年3月現在、金融機関の融資姿勢は引き締め傾向にあり、それに伴って収益不動産価格も下落基調にあります。

収益不動産購入のタイミングという観点から見た場合、**価格下落の局面こそ、収益不動産購入のチャンス**です。その理由は二つあります。

一つ目は、これまでの価格相場より**割安に収益不動産を取得できる可能性があり**、結果として運用利回りが高くなることはもちろん、将来的に含み益（キャピタルゲイン）を獲得できる可能性も出てくるからです。

二つ目は、金融機関の融資引き締めにより、購入できる層が減少し競争相手が少なくなるため、**質のよい収益不動産を買いやすくなる**からです。

実は、融資が引き締められている局面でも、金融機関が100だった融資額をこれ

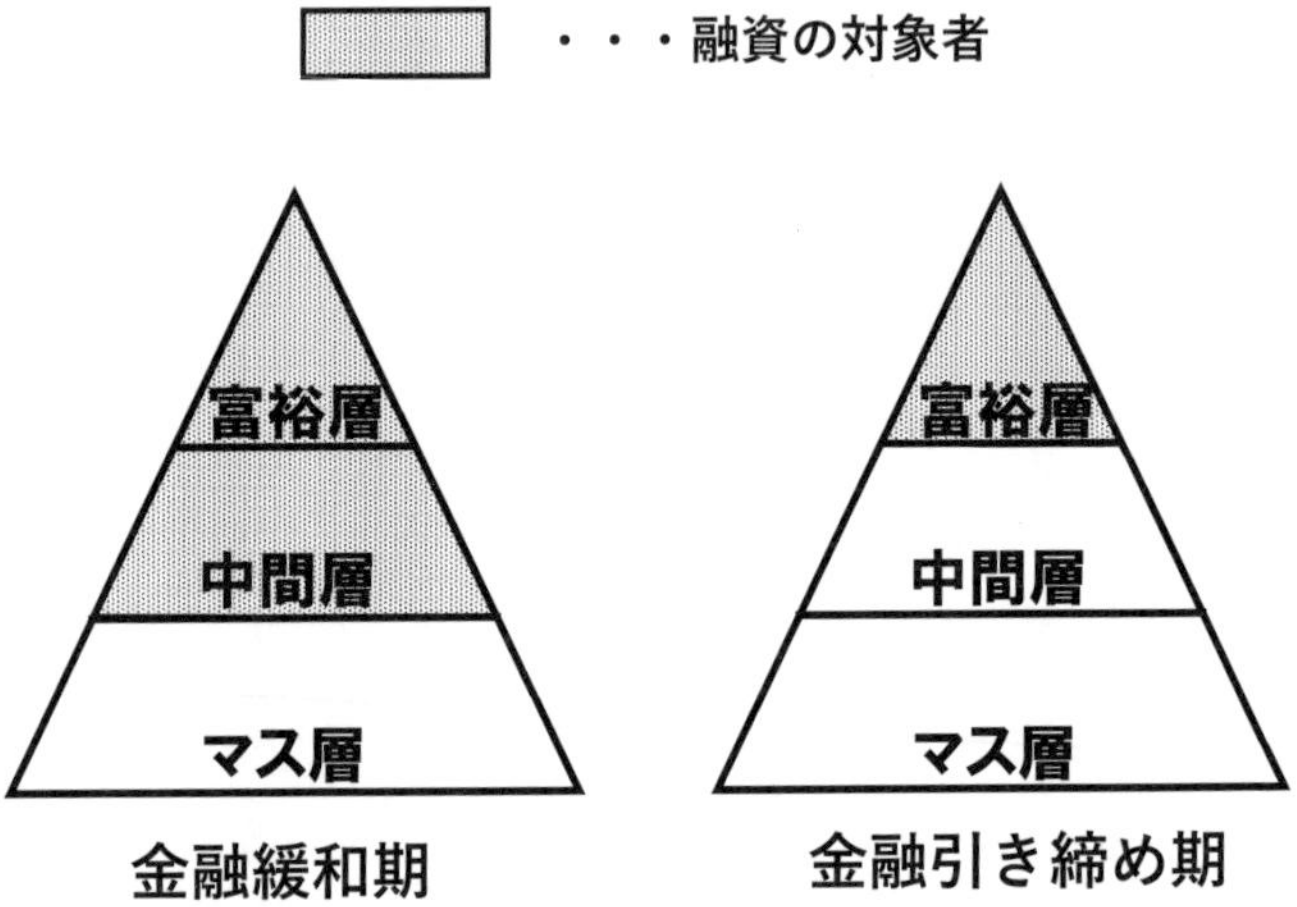

までより抑えるという話で、ゼロにするというわけではありません。融資に慎重にならざるを得ない状況においては、安心して融資できる顧客（優良顧客）に限って、融資を行っています。

では、金融機関にとっての優良顧客とはどのようなお客様なのでしょうか。

それは例えば、

○すでに不動産を保有し、担保余力があるような地主
○本業において高収入を得ている企業経営者や会社役員
○医者や弁護士などの高所得士業
○自己資金が多い

というような方々です。

つまり、ここに挙げたような方々にとっ

ては、融資が引き締められている時期こそ、収益不動産購入を行うチャンスなのです。

一方、若干下がったとはいえ、まだまだ不動産価格は高止まりしており、投資可能な水準にはないと考える方も多いようです。今後、収益不動産価格がさらに下落を続ける可能性があるとお考えであれば、納得して購入できる時期がくるまで、**準備を整える期間と捉え、力を蓄えておく**のもよいでしょう。

購入準備期間にできることとは、例えば次のようなことです。

○自己資金を貯める
○既存の賃貸経営で収益改善（入居率・賃料アップ）を図る
○書籍やセミナーなどで収益不動産の勉強をし、知識を蓄える
○融資付けのための資料をまとめておく

●中小企業診断士コラム 1

不動産賃貸業は立派な事業

はじめまして、株式会社市萬の山村諭史と申します。

2012年に市萬に入社し、賃貸事業部で賃貸不動産管理業務、流通コンサルティング部で不動産売買業務を担当し、現在は資産コンサルティング部で、主に不動産オーナーへの相続税対策・土地有効活用・資産有効活用に関するコンサルティングを担当しております。

【経歴】

私の経歴を簡単に紹介させていただきます。大学卒業後、新卒で不動産周辺ビジネスを扱う商社に入りました。その会社で全国の不動産会社の業務改善を担当し、不動産業に可能性を感じたのが、この道を究めようと考えたきっかけです。

具体的にいうと、部屋余りの時代であるにも関わらず、いまだに貸主有利の時代の価値観が残っていることや、旧態依然とした不動産業界の商慣習（IT化の遅れ、情報の非対称性など）などに疑問を感じたからです。また同時に、これらの状況が、不動産業界＝古い・悪いというイメージにつながっていることも実感しました。

そもそも不動産業とは、人々の生活の根幹に関わる産業であり、かつ、建築・税務・法務・金融・経営など、さまざまな専門知識が必要とされる分野です。私がその時から目標としたことは、これまでのように勘や経験のみを拠り所とする業界ではなく、実践的な理論や数値、そして高い倫理観を持った業界に変えていきたいということです。

目標を実現するためには、仕事を通して実務経験を積むことはもちろん、より専門的な知識を高めるために、自己研鑽も行ってきました。

不動産管理部門では、米国が先進的な技術やノウハウを持っています。そこで私は、米国発祥の不動産管理資格、ＣＰＭ®（米国公認不動産経営管理士）を取得しました。特に米国では、不動産を扱う仕事の社会的地位が高く、高い倫理性が求められています。その風土の中で培われた知識・ノウハウには、学ぶべき点がたくさんありました。

また、日本唯一の経営コンサルタント国家資格である中小企業診断士の資格も所持しております。不動産経営とは企業経営そのものであり、経営に関わる知識の多くは不動産経営にも応用できます。

【不動産賃貸業は立派な事業】

不動産投資は業種分類でいうと「不動産賃貸業」に分類される立派な事業＝商売です。経済産業省が発行する業種分類の中にも、不動産業の一種として「不動産賃貸業」が明確に定義されています。

中古の収益不動産を購入するということは、不動産賃貸業という事業の事業譲渡を受けることと同義であり、物件を譲り受けた瞬間から、購入者は経営者というわけです。

収益不動産の購入は「投資」というカテゴリでいうと、株式・投資信託・外貨取引などと並列で考えられがちですが、これらの金融商品と不動産投資の間には決定的な違いがあります。それは、単なる出資者というだけではなく、経営の当事者でもあるということです。

株式・外貨取引などは、投資した後に、自らの力でもってその金融商品の収益性を高めることは困難です。しかし、収益不動産を購入するということは、事業の出資者であると同時に経営の当事者にもなるため、購入後の賃貸管理次第では、その出資結果をよくすることも、逆に悪くしてしまうこともできるのです。それが収益不動産購入の一番の醍醐味ではないでしょうか。

自らの知識をもって、投資先（物件）を選定し、出資（購入）後の経営（賃貸管理）によって、利益（賃料収入）を生み、会社（資産）を築いていく・・・。そしてなにより、不動産賃貸業は住まい・暮らしの提供・街づくりという点で、大きな社会的な役割をもち、その貢献に繋がっていきます。とてもワクワクしませんか？

最近は賃貸市況の変化もあり、従来の大家業という考え方から、ようやく賃貸経営という考え方にシフトしてきています。とはいえ、自ら一念発起しビジネスを立ち上げた、現場たたき上げの企業経営者と比べれば、まだまだその意識は希薄です。だからこそ、賃貸不動産業には大きなチャンスがあると私は感じています。

将来のお金に対する不安や税負担にお悩みの方は、収益不動産による資産形成に取り組んでみてはいかがでしょうか。本書が皆様の資産形成の一助となることを願っています。

第2章

こんなはずじゃなかった…
収益不動産購入の失敗事例

1 不動産特有の注意点を知る

第1章では、収益不動産の魅力やメリットについてお伝えしてきました。

しかし、**収益不動産の購入をするということは、新しいビジネスを立ち上げることでもあり、また高額な投資や借入を伴う行為**です。

当然、投資やビジネスにはメリットの反面、デメリット（＝注意点）があります。

特に収益不動産には、他の金融商品（株式投資、外貨取引等）にはない特有の注意点があります。

本章では、まず初めに収益不動産購入の基本的な注意点についてお話しします。

収益不動産の注意点は次の3つです。

収益不動産購入の注意点

注意点①流動性が低い
注意点②収益不動産特有のリスクがある
注意点③取引コストが高い

注意点① 流動性が低い

「流動性」とは換金のしやすさを指します。不動産は、預金や株式と違って即日で現金化するというわけにはいきません。**現金化するためには、通常2カ月以上の期間を要する**とお考えください。

特に築古物件、地方物件、高額物件（5億円以上）などは、購入者が限られるため、不動産の中でもさらに流動性が低くなる傾向があります。

したがって、収益不動産を購入する際には、手持ちの自己資金を全て投入するというような取り組み方は極力避けなければなりません。日常生活を送る中で、急に現金が必要になるという場面は、誰しも起こり得ることです。

そのような場面において、不動産という形態の資産は、即座に現金化できないという点でリスクにつながります。

収益不動産を購入する際には、**余剰資金を購入資金の原資として組み立てる**ことが大切です。


ちなみに、「不動産＝資産」という考え方には、その不動産に適切な流動性があるということが大前提にあります。

しかし、不動産は物件によって流動性が異なりますし、なかには売ろうにも売れない、タダでも要らないという不動産もたくさん存在します。つまり、そのような流動性の低い不動産は、世間一般から見れば、資産とはみなされないということです。

特に収益不動産でいうと、購入後、適切な賃貸管理（具体的には高い入居率と賃料の維持、適切な修繕等）が行われていなければ、売ろうと思っても、なかなか買手がつかない、相場より割安でしか売れない、ということも少なくありません。

収益不動産によって資産形成を図りたいという目的があるのであれば、この不動産特有の流動性の低さという注意点を意識して、購入物件の選定や購入後の賃貸管理を行っていく必要があります。

この賃貸管理の重要性については、後の第4章で細かく解説します。

注意点② 収益不動産特有のリスクがある

収益不動産特有のリスクとは、**空室、修繕、災害、滞納、事件・事故、入居者間トラブル**などです。

特に最近では、ゲリラ豪雨や台風による河川の氾濫などが頻発して、毎年のように大きな被害が出ています。その他にも、少子高齢化や核家族化により、一人暮らしの高齢者が増加傾向にあり、いわゆる「孤独死」という社会問題も深刻化しています。

万が一、これらの問題が自身の所有する収益不動産に起こった場合、賃料の下落や想定外の出費のみならず、風評による資産価値の下落など、さまざまな形で賃貸経営に大きな影響を及ぼします。これらの収益不動産特有のリスクは、不動産の知識や経

収益不動産特有のリスク

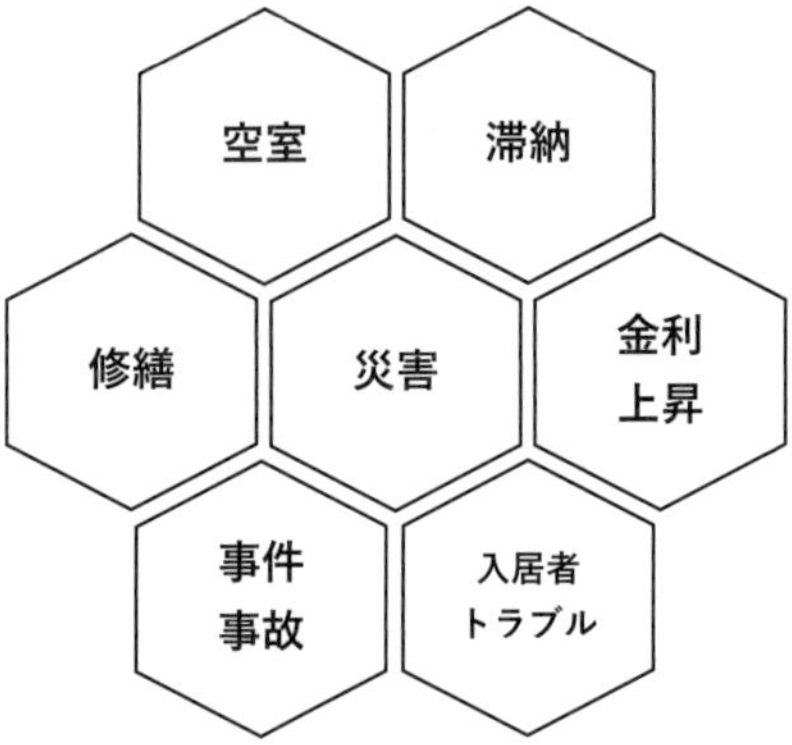

験がない一般の方にとって予見するのが難しい問題です。

では、これらの不動産特有のリスクは全く防ぎようのないものなのかというと、実はそんなことはありません。**事前対策を打つことによって発生確率を下げたり、万が一発生した場合にも、損害を軽くしたりすることが可能**です。

例えば、収益不動産購入前に、災害系のリスクはハザードマップなどを確認し「川の氾濫や洪水・津波が発生した場合でも、被害が最小限と想定される地域を選ぶ」ことで被災リスクを極力避けることができます。また、火災保険・地震保険に加入しておくことで、万が一、被害を被った場合にも損害を保険金で補填するという形でリスクヘッジできます。

さらに、滞納や入居者間トラブルなどのリスクは、売主や管理会社にヒアリングを行い、その物件に問題のある入居者がいないか、ご近所トラブルがないかなど、入居者属性や過去のトラブル情報を確認しておくというのも一つの方法です。その他にも、賃料保証会社を利用するという手もあります。

これらのリスク対策にはさまざまなテクニック・方法がありますが、いずれのリスク対策にも共通していえることは「信頼できる不動産会社と連携して、問題が発生しないような物件を購入する。そして購入後は問題が起こらないような賃貸管理を実践する。万が一、問題が起こった場合でも、損害を最小限に抑えることができる賃貸管理を行う」という点に尽きます。

この不動産会社・管理会社選びの重要性については、第3章と第4章にて細かく解説します。

購入に必要なコスト

○仲介手数料
○登記費用
○金融機関への手数料
○火災保険料
○税金（登録免許税、不動産取得税、印紙税…）

売却に必要なコスト

○仲介手数料
○測量費用
○抵当権抹消に必要な費用
○税金（譲渡所得税、印紙税…）

注意点③　取引コストが高い

不動産の場合、他の金融商品と比較して、**取引に関わるコストが高い**という特徴があります。

物件種別や構造・規模にもよりますが、一般的に購入時には取引価格の6〜10％の取引コスト、売却時には取引価格の4％前後の取引コスト（譲渡所得税を除く）が発生するとお考えください。

そのため、収益不動産の購入では「購入に失敗したから、すぐに売って投資分を取り戻そう」ということは簡単にできません。

購入時と同価格で売却できたとしても、取引コストの分、収支がマイナスとなるからです。

取引コストを考えると、短期的な売り買いで転売利益を得ることは、購入時によほど割安な価格で物件を購入できない限り、実現は困難です。

これらの点を考慮すると、**収益不動産購入では運用中のキャッシュフローに主眼を置き、長期的な視点で不動産賃貸業に取り組むことが望ましい**といえるでしょう。

2 収益不動産購入で失敗する4つの原因

多くのメリットがある収益不動産購入ですが、実際には収益不動産を購入した方全てが、その恩恵を享受できているわけではありません。

当社は不動産の問題解決業務を専門とし、これまで4000件を超える不動産に関する相談を受けてきました。

「せっかく建築・購入したのに、お金が手元に残らない」
「空室が埋まらない」
「管理が負担になってきた」
「修繕費の負担に耐え切れず手放したい」

賃貸経営に行き詰まったオーナー様からの、このような相談を受けることも少なくありません。

不動産賃貸業は一種の装置産業であり、また高額な資金投資や借入を伴うため、**最初に間違った購入をしてしまうとリカバリーが難しく、長期的に大きな金銭的・精神的な負担を抱えてしまう**ことになりかねません。

実際に当社がこれまで受けた不動産相談を分析すると、収益不動産購入で失敗する要因は次の４つに集約されます。

収益不動産の失敗要因

失敗要因①不動産特有のリスクを甘く見た
失敗要因②市場（マーケット）を見誤った
失敗要因③収支予測の甘さを見抜けなかった
失敗要因④パートナー選びを誤った

次ページから、それぞれの失敗例をご紹介します。

失敗①：不動産特有のリスクを甘く見た【修繕リスクを見逃し、購入後、多額の修繕費用が発生・・・】

Ａさんは動物病院を経営する開業医です。本業の病院経営は順調に業績を伸ばしており、潤沢な資産を蓄えていました。とはいえ、60代という年齢のこともあり、これ以上病院を拡大するつもりもなく、蓄えた資産を何か別の方法で活用できないかと考えていました。

そんな時に「士業のサイドビジネスとして不動産投資が有効」という話を聞き、不動産会社に相談を持ちかけたのが購入のきっかけとなりました。

その不動産会社の営業担当者からは「購入するのであれば、投資利回りの高い中古の収益不動産がよいですよ」というアドバイスを受けました。

自らが経営者ということもあり、実際に自分で事業収支シミュレーションを行ってみると、上手くいけば毎年１００万円、最低でも70万程度のキャッシュフローが残ることがわかりました。また、紹介された物件は満室状態であり、東京23区内という立地であることからも、将来的にも十分賃貸需要は見込めるだろうと判断し、Ａさんは購入を決意しました。

購入後、いきなり想定外の出来事が発生しました。建物1階部分の入居者が退去したため室内を確認したところ、室内の湿気がひどく、クロスに浮きやカビが大発生していたのです。原状回復工事には想定以上の費用がかかり、キャッシュフローは当初の計画を大きく下回る結果となりました。

実はこの物件は、建物の一部が地盤面より低く結露しやすい構造で、特に1階部分は湿気がひどかったのです。さらに、この湿度・結露が原因で想定以上に建物主要構造部の劣化が進行、なるべく早いうちに修繕が必要であるということも判明しました。

今後も退去がある都度、多額の修繕費用が発生する可能性があり、加えて建物主要構造部の修繕も早急に必要な状態です。キャッシュフローが残るどころか、しばらくは自らの持ち出しによって物件を維持していく必要があり、今後の賃貸経営に不安が募ります。

失敗②：市場（マーケット）を見誤った【賃貸物件の供給過多・需要減エリアに賃貸併用住宅を建築】

Bさんは50歳の会社員です。

Bさんのご両親は、祖父から受け継いだ自宅に長年住み続けています。そろそろ建て替えという話が出ていたところ、Bさんの父親が「自宅を建て替えるなら賃貸併用住宅にしたい」といい出したのです。よくよく話を聞いてみると、自宅だけを建て替えたとしても、これからの生活費にも不安があるので、賃貸併用住宅にすることで一定の収入を得たい。さらに将来相続が発生した際にも、Bさんの資産になるだろう、という考えのようです。

ご両親の自宅は、都心から電車で約1時間の郊外で、最寄駅から徒歩20分の立地です。この地域の住民の主な移動手段は車であることから、駐車場さえあれば、駅からの距離はそこまで賃貸経営に影響しないと考えました。

またBさん自身もこれから教育費のかさむ二人の子供がおり、両親の生活費まで工面できる余裕はありません。賃料収入を得ることで両親の生活費の足しになるのならば、と建築に賛成しました。

見立て通り、建築後は駐車場付きの賃貸物件を探していた方から問い合わせがあり、早々に入居が決まりました。しかし約5年経過したところに初めての退去が発生。前回はすぐに決まったのだから、と楽観視していたものの、待てど暮らせど空室が埋まる気配がなく、結局、半年経っても申し込みはゼロ。

そこで物件周辺の賃貸仲介会社にヒアリングを行ったところ、この地域は最寄駅から徒歩20分という距離もあり、年々賃貸需要が減少していること、さらに近隣の賃貸物件では駐車場併設が普通で、それだけでは差別化に繋がらないということがわかりました。

結局、賃料を大きく下げてやっと入居者が決まったものの、その後も入退去のたびに賃料を下げることとなり、当初の見込みよりも大幅に収支は悪化。

両親の生活費の足しになればと建築した賃貸併用住宅ですが、逆に将来の負担になってくる可能性が出てきたことで、頭を悩ませています。

失敗③：収支予測の甘さを見抜けなかった【賃料・修繕費の見通しが甘く、自転車操業に・・・】

Cさんは地元でも有名な代々続く地主です。自宅の周りに、借地権の底地をたくさん保有していました。あるとき、地元の不動産会社から「相続税対策のために、底地の売却と借入で収益不動産を購入しないか」という提案を持ちかけられました。営業担当者が言うには「収益性が低い底地のまま保有するよりも、収益不動産に組み替えたほうが収益性もアップし、相続税の対策になる」ということでした。

買い替え候補として提示された収益不動産は、自宅からほど近い場所にある、今まさに建築中の新築物件。自宅からも近く、新築であるため、管理の負担もそれほどかからないと言います。不動産会社が持ってきたシミュレーション資料を見てみると、毎月100万円もの収入が得られるうえに、相続税が1000万円近くも軽減できるという計算でした。

先祖代々引き継いできた不動産ということもあり、このままずっと底地を持ち続けるつもりでいたCさんですが、「相続によって資産を失ってしまうくらいなら、有効に活用したほうがよいだろう」と、思い切って資産の組み替えを行うことを決断しました。

建物完成後は入居者も順調に決まり、募集してから2カ月と経たないうちに満室に。着実に毎月キャッシュフローを生みつつ、金融機関への借入の返済も滞りなく進んでいきました。しかし建物完成後、10年を過ぎたころから、徐々に雲行きが怪しくなり始めました。

まずは賃料の下落です。近隣に新しい賃貸アパート・マンションが次々と建築され、従来の条件のままでは入居者が決まらなくなってきました。空室のままでは賃料収入はゼロ。返済もできなくなるため、今は致し方なく賃料を下げて満室を保っている状態です。

また賃料の下落と同時に、修繕費用も上昇し始めました。築年数の経過とともに建物や設備の不具合が次々と、かつ同時に発生する状況が続き、最近では想定外の出費に悩まされています。

そしてCさんを最も悩ませているのが、キャッシュフローの減少です。賃料の下落や修繕費用の上昇が影響し、計画当初のシミュレーションより大幅にキャッシュフローが減ってきているのです。

そこで今後のキャッシュフロー推移を確認するために改めて購入時のシミュレーションを見返してみたところ、なんと収支予測は建築後10年間分のみ。しかもCさんが直面している、賃料下落や修繕費の負担の増加は、適切に折り込まれていませんでした。

改めて現実に即した数値を入れて今後の事業収支を計算してみると、20年目以降は赤字が発生するという計算になったのです。

いくら相続税が節税できても、肝心の賃貸経営でそれ以上の持ち出しが発生してしまっては何の意味もありません。今後この収益不動産をどのように運営していくか、Cさんは困り果てています。

失敗④：パートナー選びを誤った【不動産会社のいうがままに購入して失敗・・・】

40歳のDさんはフリーランスとして、プログラミングの仕事をしている個人事業主です。独身で年収は約600万円。自分ひとりで生活する分には現在の収入で何不自由なく、仕事内容にも十分満足していました。とはいえ、今の収入がいつまで続くのかという、将来に対する不安も感じていました。

そんなときに、新築の収益不動産販売を専門とする不動産会社から、「将来の資産形成と副収入のために、収益不動産を購入してみては」という提案を持ちかけられました。購入後は不動産会社がサブリースで一括借り上げをし、関連会社が賃貸管理をするため、Dさん自身には労力や手間がほとんどかからないうえに、20年間の賃料保証も付いているという話でした。

個人事業主という仕事柄、日中は常に仕事に追われているDさん。その点、不動産会社から提案のあったサブリースプランであれば、自身の手間と時間を奪われることなく安定的な副収入が得られるため、自分にぴったりだと感じました。

不動産会社の営業担当者からは「いい物件なので他にも購入検討者が何人もいる」と急がされ、Dさんは物件の現地も見ずに購入を決めました。

購入後は、サブリース賃料が毎月振り込まれ順調でしたが、購入後約5年が経過した頃、想定外の出来事が発生しました。

サブリースの管理会社から「現在の物件入居率は70％にも満たないような状況で、サブリース賃料を減額できないか」との相談があったのです。

「20年間の賃料保証のはずでは？」と不動産会社に強く訴えたものの、担当者は「契約書にも賃料改定の規定が定められています」との一点張りです。他に相談できる人や打つ手も思い浮かばず、しぶしぶサブリース賃料の値下げに応じました。

物件を売却することも検討しましたが、賃料が下がったために物件価格も下がり、売却代金だけでは残債が清算できない状況で、全く身動きが取れません。

購入した不動産会社に相談しても「今は赤字でも、借入さえ完済できれば、将来の年金代わりになります」という話で、当初目的としていた「副収入」という点は、うやむやにされてしまっています。

いい加減な不動産会社の言葉を信じ切って購入したこと、管理運営を任せきりにしてしまったことを、Dさんは今でも後悔しています。

●中小企業診断士コラム２

"戦わない"マーケティングという選択肢

ワンポイントコラムの二つ目はマーケティングです。「マーケティング」とは企業の販売活動とそのための仕組み作りであり、その戦略をマーケティング戦略と呼びます。

マーケティング分野では、これまでさまざまな理論が提唱されていますが、その代表的なものに「非競争戦略（競争しない戦略）」があります。

「競争しない」とは「できるだけ競争者が少ない市場を選択していくことで、顧客の奪い合いや価格競争を避ける」戦略のことです。この戦略は、大企業と真っ向勝負しては勝ち目の少ない中小企業が、差別化することで生き残りを図る戦略としても用いられます。一度、その市場が価格競争に陥ってしまうと、まず初めに影響を受けるのは、ブランド力やスケールメリットのない中小企業だからです。そうなっては勝ち目はありません。

この「非競争戦略」は不動産賃貸業にも活かすことができます。

例えば、不動産賃貸業では単身向け物件（1R）の供給が多く、需給バランスを見ても需要を上回る供給がなされている地域が多くあります。ちなみに2020年現在、高齢者や未婚者の増加によって単身世帯は堅調に推移しています。しかし、いざ世帯数の減少が始まったときには、もっとも価格競争に陥りやすい市場ともいえるでしょう。

一方、都心において一定の需要があるにも関わらず供給が少ないのが、ファミリータイプの物件（特に東京都内では戸建賃貸）や広めの単身者・新婚向けの1LDKです。なぜ戸建賃貸や1LDKが少ないかというと、土地の容積率を無駄なく消化し、かつ面積当たりの収益率を最大限上げようと考えた場合、どうしても戸数を増やし、一住戸当たりの面積を小さくしたワンルームなどに偏ってしまうためです。このような背景もあり、特に戸建賃貸の収益不動産は需要に対して供給が少なくなっているのです（地域による）。

もし、新たに賃貸事業を始めようということであれば、需要に対して供給が不足気味の戸建賃貸や1LDKタイプの物件を選ぶことで、競争を避けることができます。

その他にも、あえて居住用ではなく事業用物件を選ぶという選択肢もあります。事業用物件は一般の方にとっては馴染みの薄い不動産であること、また居住用物件とは違う独特の管理・運営ノウハウが必要になってくるため、購入を避ける方もいらっしゃいます。だからこそ一度、管理運営の仕組みを構築しノウハウを蓄積できれば、大きなチャンスになるといえるでしょう。

事業用の収益不動産の場合、居住用以上に入居率や賃料が立地に左右されますので、店舗や事務所の需要が見込めるような立地（駅近の商業地域、ロードサイドなど）を選ぶことが大切です。

このように収益不動産を一つ購入するにも、マーケティングという視点が非常に重要になってきます。

第3章

“お金が貯まる”収益不動産購入のポイント

1 収益不動産購入は「長期保有で着実にお金を稼ぐ」時代

ここまでは収益不動産の魅力とその注意点をお伝えしてきました。本章では具体的な「お金が貯まる」収益不動産購入の秘訣について解説していきます。
はじめに基本的な知識として、収益不動産を購入した結果、収益が出たのか？　損をしたのか？　つまり、最終的な損益がどのように決まるのかについてお話しします。

収益不動産活用の損益は、どう決まるのか

収益不動産活用の損益は「保有中のキャッシュフロー」と「不動産価格の変動」の合計で決まります。

まず「保有中のキャッシュフロー」というのは、賃料収入からリフォーム費用や修

収益不動産の損益 ＝	保有中の税引後手取り金累計	＋	不動産価格の変動	

『保有中の税引後手取り額』＝ 賃料収入－経費－返済金－税金

『不動産価格の変動』＝ 売却価格（現在価値）－購入価格

※借入を行っている場合には、その時点での累計元金返済額を加算します。

繕費用、固定資産税などの経費、そして借入の返済金や税金を引いた、いわゆる最終的な手取り額のことです。一方、「不動産価格の変動」というのは、売却価格（現在の価値）から購入価格を引いたものです。

例えば、1億円で収益不動産を購入し、年間100万円の税引後キャッシュフローを5年間得ていた場合、「保有中のキャッシュフロー累計」は500万円という計算になります。さらにその物件を1億3000万円で売却した場合（もしくは現時点で1億3000万円の価値がある場合）、「不動産価格の変動」によって税引き前で3000万円の利益（含み益）を得ていることになります。

仮に購入・売却に伴う経費・税金を1000万円とすると、この時点でのトータルの収益は「保有中のキャッシュフロー累計500万円」に「不動産価格の変動による利益3000万円」を加え「購入売却に伴う経費・税金1000万円」を差し引いた2500万円という計算になります（事例Ⓐ）。

一方で、1億円で収益不動産を購入し、同じく年間100万円の税引後キャッシュフローを5年間得ていた場合で、その不動産の価格が値下がりし現時点で7000万円の価値しかない場合はどうでしょう。

「保有中のキャッシュフロー累計500万円」と「不動産価格の変動▲3000万円」の合計は▲2500万円となり、2500万円の損をしていることになります。

さらにこれに加えて、購入・売却時の経費も発生しますので、仮に購入売却に伴う経費・税金をマイナス1000万円とした場合、累計で約3500万円の損失ということになります（事例Ⓑ）。

〈事例Ⓐ〉

保有中のキャッシュフロー累計（100万円×5年間）	500万円
売却価格（現在価値）	1億3000万円
購入価格	1億円
不動産価格の変動	3000万円
購入・売却に伴う経費・税金	▲1000万円
計	2500万円

〈事例Ⓑ〉

保有中のキャッシュフロー累計（100万円×5年間）	500万円
売却価格（現在価値）	7000万円
購入価格	1億円
不動産価格の変動	▲3000万円
購入・売却に伴う経費・税金	▲1000万円
計	▲3500万円

これからの時代の収益不動産購入戦略

それでは次に、この損益の仕組みを踏まえ、どのような収益不動産の購入戦略を立てていくのがよいか？　を考えてみましょう。

まず「保有中のキャッシュフロー」には、第1章でご紹介したように、その収支が長期にわたって予想しやすいという特徴が挙げられます。賃貸不動産であれば、周囲を見渡せば参考となる多くの賃貸取引事例がありますので、それらの事例を活用すれば、築年数の経過を考慮したおおよその収入を予測することができます。

さらに最近では、建築・設備・修繕技術の発展がめざましく、適切な点検やメンテナンスを行えば、建物は木造でも50年以上（鉄筋コンクリートであれば80年以上）にわたる長期間の活用が期待できます。

加えて、国の政策においても既存住宅ストックの長期活用が推進されており、その政策に応じて、金融機関で法定耐用年数越えの物件への融資が広がってくる可能性があります。これらの要素は収益不動産をより長期活用し、より多くの保有中キャッシュフローを得るという点で、追い風となります。

一方で「不動産価格の変動」はどうでしょうか。

現在の日本はすでに成熟社会に突入しており、高度成長期のように右肩上がりが続く時代とは違います。また、第2章で説明したように、不動産売買では取引自体に大きなコストがかかることから、売買により大きな利益（キャピタルゲイン）を得ることは難しい状況になっています。

したがって、**これからの時代の収益不動産購入では、「保有中のキャッシュフロー」に重きを置いた戦略を取ることが、成功のポイント**になってきます。

具体的には、保有中のキャッシュフローを着実に積み重ねて返済を完了させ、完済後はさらに潤沢なキャッシュフローによって、さらに利益を生み出すというものです。

この方法であれば短期間で収益を上げることは難しくても「薄く長く着実に収益を上げる」投資が可能になります。

2 失敗しないための収益不動産購入法

前項ではこれからの時代の有効な収益不動産の戦略について「長期保有で着実に収益を上げる」とお伝えしました。しかし、この戦略がどのような収益不動産でも必ず成功するというわけではありません。

不動産賃貸業では、購入時の物件選びでその成否の8割が決まるといっても過言ではありません。購入時の物件選び・条件設定を大きく誤ってしまうと、いくらその後の賃貸管理が上手くできたとしても、挽回することが難しくなります。

では、どのように「長期保有で着実に収益を上げる」収益不動産購入を実現するのか？　購入時のポイントにスポットを当て、その手法を解説します。

長期保有で収益を上げる不動産購入のポイント

購入ポイント①　物件調査による不動産特有のリスク把握
購入ポイント②　マーケットを考慮した立地選び
購入ポイント③　税引後キャッシュフローを試算（シミュレーション）
購入ポイント④　信頼できるパートナー選び

購入ポイント①　物件調査による不動産特有のリスク把握

◆重要なのは「物件調査」という事前対策

第2章でお話ししたように、収益不動産には、空室、修繕、災害、滞納、事件・事故、入居者間トラブルなど、ほかの資産運用商品（株式投資、外貨取引など）にはない特有のリスクがあります。これらのリスクは、万が一それを被ってしまうと、大きな収入の減少や資産価値の下落を招く危険性があります。

では、これらのリスクを避けるため、もしくは被害を被った場合にも損失を軽減するためにできることは何でしょうか。それは**物件の事前調査を徹底し、物件の状況を正確に把握すること**です。

物件の状況を把握するという点では、不動産の売買においては購入前の宅地建物取引業法（以下、宅建業法という）の定める**「重要事項説明」**という形で、ある程度の状況確認ができます。しかし、**重要事項説明で確認できる内容は、購入者が知るべき最低限の内容**となります。

◆重要事項説明に関する物件調査とは

「重要事項説明」とは、不動産の売買契約を締結する前に、取引を行う不動産会社が購入者に対し、対象となる不動産と契約の注意点を説明する業務のことです。

重要事項説明の目的は、一定の基準に則った不動産取引の注意点を購入者に伝えることによって、購入後の紛争（具体的には「これを知っていたら買わなかった」「そんなこと聞いていない」というようなトラブル）をなくすことです。重要事項説明は宅建業法で規定されている不動産取引における必須事項であり、そこで説明すべき項目についても宅建業法において規定されています。

宅建業法では左記の4項目についての説明が必要とされています。

○取引対象不動産の権利関係
○取引対象不動産に係る法令上の制限
○取引対象不動産の状態やその見込み
○契約の条件

特に「取引不動産の状態やその見込み」に関しては、その調査範囲が曖昧で、各不動産会社に任されています。説明範囲が曖昧な調査項目には、例えば建物修繕の実施状況調査、土壌汚染調査などが挙げられます。

建物修繕の実施状況に見落としがあると、購入後に想定以上の修繕費用が発生することとなり、キャッシュフローに大きな影響を及ぼします。その他にも、建築違反や無許可の増改築がある物件の場合、融資を受けることが厳しくなり、将来的には資産価値を大きく損なう可能性があります。購入後でも、是正工事や改善を検討することは可能ですが、膨大な費用と手間がかかることはもちろん、最悪、取り返しのつかない損失に繋がるケースもあります。

重要事項説明において説明範囲が曖昧な調査事項（一例）

- ☐ 建物・設備の修繕履歴
- ☐ 雨漏りや結露の状況
- ☐ 建物の順法性
- ☐ 土壌汚染の可能性
- ☐ 事件・事故の履歴（物件周辺も含む）

等々

したがって、物件調査で重要なポイントは、**説明範囲が曖昧な調査項目の中でも、特に購入の目的を達成するために問題となるような要素や、購入後では変えられない要素に着目し、深掘りして調査を行う**ことです。

上記にその一例を挙げましたので、調査時の参考にしてください。

なお、実際の取引現場では、重要事項説明の内容は契約直前、もしくは当日に知らされることも少なくありません。重要事項説明の情報は幅広く、量も膨大であるため、契約の2時間程度で全てを理解するのは現実的には不可能です。そうなると、「購入したい」という気持ちだけが先行したり、また契約の場の雰囲気に流されてしまい、冷静な判断ができないまま勢いで契約してしまうことになります。結果、「もっと慎重に考えるべきだった」「買わなければよかった」という後悔に繋がります。

契約書と重要事項説明書は、少なくとも契約の2日前には事前確認を行うようにしましょう。落ち着いた環境で契約書類を確認することで、誤った判断を避けるためです。もし、事前確認のタイミングで何か気になる点・不安な点、購入目的が達成できないような問題を発見した場合には、無理して購入を推し進めるのではなく、調査のために契約日を延期する、専門家に対応を相談し、その備えをしておくなどの対応が必要です。

購入ポイント② マーケットを考慮した立地選び

◆「場所」だけではなく「エリア特性」や「需要」を確認

よく**「不動産は立地で決まる」**といわれます。

不動産賃貸業は、人々の住まい・暮らしの需要に基づく事業です。いくら物件の魅力を磨こうとも、その立地で「その物件に住みたい」という需要、マーケットがなければ部屋は埋まらず、大事な収入源が絶たれることになります。

例えば、賃貸需要に対して供給が多く、空室率上昇が激しい地域に収益不動産を購入したケースを考えてみましょう。

まず影響を受けるのは、賃料収入です。空室率が高く入居者が決まりにくいエリアでは、当然、賃料の価格競争に陥ります。すると、一度は入居者が決まったとしても、その後入退去が繰り返されるたびに賃料が下がり、次第にキャッシュフローが減少していくことになります。

次に影響を受けるのが、物件の価格です。第1章にて、収益不動産の価格は収益還元法（年間の賃料収入÷相場利回り）で算出されることを説明しました。この計算式に基づくと、収益不動産から生み出される賃料収入自体が落ち込むと、それと連動して物件価格も下落することになります。

このように立地選びを一度間違えると、入居率の低下から価格競争に巻き込まれ、キャッシュフローが減少、最終的には不動産価格の下落を招くという負のスパイラルに陥る危険性があります。

マーケットを考慮した立地選び
チェックポイント　居住（住宅）用

- □ 最寄り駅が主要ターミナル駅から20分以内か
- □ 最寄り駅から徒歩10分以内か
- □ 最寄り駅の乗降者数が下落傾向にないか
- □ 競合物件が供給過多なエリアでないか
- □ 特定の賃貸需要（大学、工場 等）のみに依存するマーケットでないか

※上記内容は電車やバスを主な交通手段とする首都圏エリアを想定して作成したものです。

「キャッシュフローさえ出れば問題ないのではないか？」と思われるかもしれませんが、いくら運用中のキャッシュフローが出ている物件でも、キャッシュフローの累積以上に不動産価格が下落するようでは、トータルで損をしていることになります。

収益不動産を購入する際には、マーケットを考慮した立地を選ぶことが重要です。

事前に行うべきマーケット調査のチェックポイントは上記の通りです。ぜひ参考にしてください。

◆将来の発展を見据え、より安定した経営を目指す

今だけではなく**将来的にも需要が見込める場所を選べば、より安定した経営が可能**になります。

どのような場所が「選ばれ続ける立地」なのか?

これからの時代のニーズ・トレンドとなりそうな3つのキーワードをご紹介します。

これからの時代のキーワード

その① 都心回帰・コンパクトシティ
その② 国際競争力・インバウンドの強化
その③ 職住近接

その① 都心回帰・コンパクトシティ

選ばれ続ける立地を探るキーワードの一つ目は**「都心回帰」と「コンパクトシティ」**

です。

日本の人口動態を都道府県別に調べてみると、47都道府県の中でもその増減に差があることがわかっています。例えば、総務省発表の「人口推計（２０１８）」によると、２０１７年から２０１８年の２年間では、47都道府県すべてで人口が減少しているわけではなく、東京・神奈川・千葉・埼玉・愛知・福岡などの主要都市では、人口が増加しています。

これは**主要都市において、自然減少と流出以上に人口流入（転入超過）が起こっている**ためです。

人々が主要都市へ移り住む理由を調査してみると、新たな仕事や学びの場、チャンスを求めていることが大きな理由となっています（内閣官房「大都市圏への移動などに関する背景調査・平成27年9月」）。

また最近では、企業や大学の都心回帰の潮流が生まれており、それに合わせて、人々の住まい選びも「都心回帰」という大きな流れとして追随していくのではないでしょうか。

この都心回帰という流れの一方、大きな課題となっているのが地方における公共

都道府県別転入超過数（2017年、2018年）

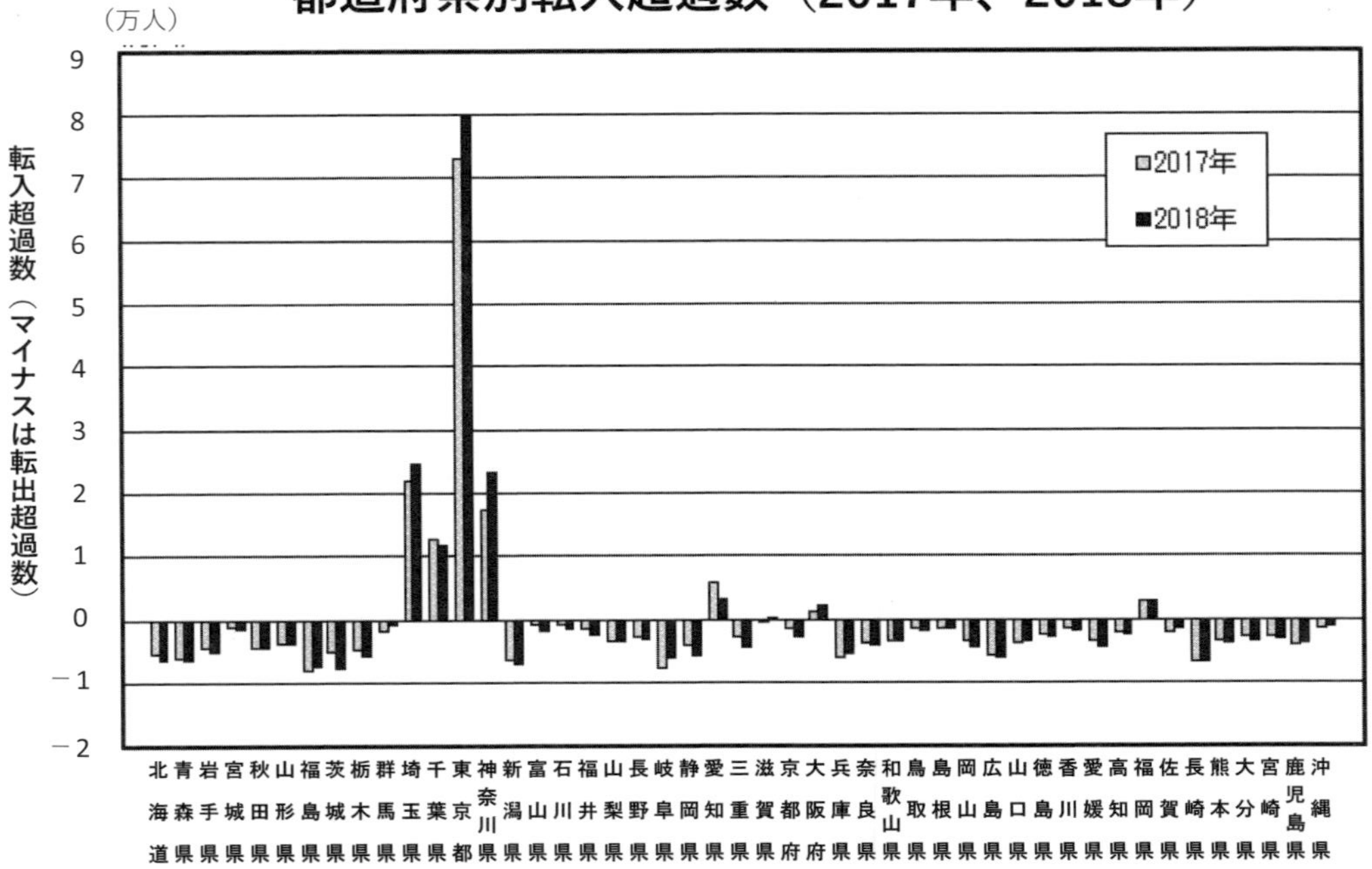

出典：総務省統計局住民基本台帳人口移動報告　平成30年（2018年）結果

サービスの維持・管理です。人口が減少すれば税収が減収し、生活の基本インフラである上下水道・道路などの維持・管理が難しくなります。特に水道管の多くは1960年代から70年代の高度成長期に建設され、今後はその補修・交換をどのように進めていくのかが大きな課題です。財政状況が芳しくない自治体では、十分な補修ができず、修理もままならないという事態に陥るかもしれません。

これらの解決策として考えられているのが**「集住化・コンパクトシティ政策」**です。これは人々の住まい・生活を営む区域を特定エリアに誘導していくことで、都市機能の維持や効率化を進めようというものです。人口減少・少子高齢化に対応するための都市構造として考えられています。この「集住化・コンパクトシティ政策」が実現した場合には、生活・交通利便性の高い主要都市部への移住が加速すると推察されます。

以上のように、政策的な側面はもちろん、人々の仕事・学び・遊びの場を求める潮流によって、**今後も主要都市・都心部に人口が集中する**ことが予想されます。

その②　国際競争力・インバウンドの強化

キーワードの二つ目は**「国際競争力・インバウンドの強化」**です。

人口が減る将来の日本において最も懸念される課題の一つとして、経済力の低下が挙げられます。経済力の低下は税収の減少はもちろん、そこで働く人の給与の減少を引き起こし、結果として国の衰退に繋がりかねません。

では日本の人口減少による不足分を、どう補填していけばよいのでしょうか。

この問題の解決策として政府が掲げている方針に「国際競争力・インバウンドの強化」があります。具体的には、海外からの観光客や企業誘致を増やすことで、国内の雇用・消費を活性化させ、経済の底上げを図ろうというものです。

この「国際競争力・インバウンドの強化」の実現に向け、重要な戦略とされているのが**「拠点となるまちづくり」と「交通網の整備」**です。

例えば、国土交通省発行の「東京圏における今後の都市鉄道のあり方について（2016）」では、東京圏の都市鉄道が目指すべき姿として「国際競争力の強化に資する都市鉄道」が掲げられており、具体的な課題として「都心から空港・新幹線などへの交通利便性を向上すること」や「まちづくり・都市開発エリアへの交通利便性を向上させる」などが挙げられています。

これはつまり、空港・新幹線の発着駅や都心ターミナル駅、今後の再開発エリアへの交通利便性が高くなるような鉄道網を作ろう、という明確な指針が示されていることになります。

実際に、ここ最近の交通網発展の動向を見てみると、羽田空港の国際化や、相鉄本線とＪＲ・東急線の直通運転の実施（新幹線停車駅・都心ターミナル駅への延伸）、リニア新幹線の開発やそれを見越した周辺の再開発（ＪＲ山手線高輪ゲートウェイ駅）など、正に国際競争力の強化を意識した開発が行われていることがわかります。また、まちづくり・再開発という観点においても、東京では品川・大手町・新宿・渋谷などの主要ターミナル駅周辺で再開発案件が密集しています。

このように「国際競争力・インバウンドの強化」という政策面での後ろ盾を受け、今後はより交通利便性の高い立地（主要都市、都心ターミナル周辺）に資源（インフラ）・資金が投入され、その流れに乗って人の移動が生まれてくることが推測されます。

その③ 職住近接

最後のキーワードは**「職住近接」**です。

日本の世帯数は２０２３年前後をピークに減少すると予測されています。ただし、すべての世帯が同様に減少を始めるのではなく、世帯によって減少率にも差があることに注目しましょう。

ここ最近の傾向で特に注目すべきは「共働き世帯」の増加です。「共働き世帯」の増加は、夫婦の住まい選びに大きな変化をもたらしています。限られた時間の中で家事と仕事をこなす必要がある共働き世帯は、**できるだけ職場に通いやすい、利便性の高い立地**を選ぶ傾向があります。これが結果として、職住近接という動きを後押ししていると考えられています。

ここ20年の「住みたい街ランキング」を見てみると、より交通利便性が高く、乗り入れ路線数が多い駅や、複数の路線が乗り入れる駅がランキング入りする傾向が強くなっています。ひと昔前は、鎌倉・下北沢・たまプラーザといったブランド立地が上位にランクインしていましたが、今は合理的な立地を選択する方が増えているのかもしれません。

また、今後より一層の増加が予想されるのが「高齢者世帯」です。特に「高齢者世帯」の中でも「単身世帯」の割合が増加してくるといわれています。

次に引越すとしたら最寄駅から歩いて
どの程度の家に住みたいですか？

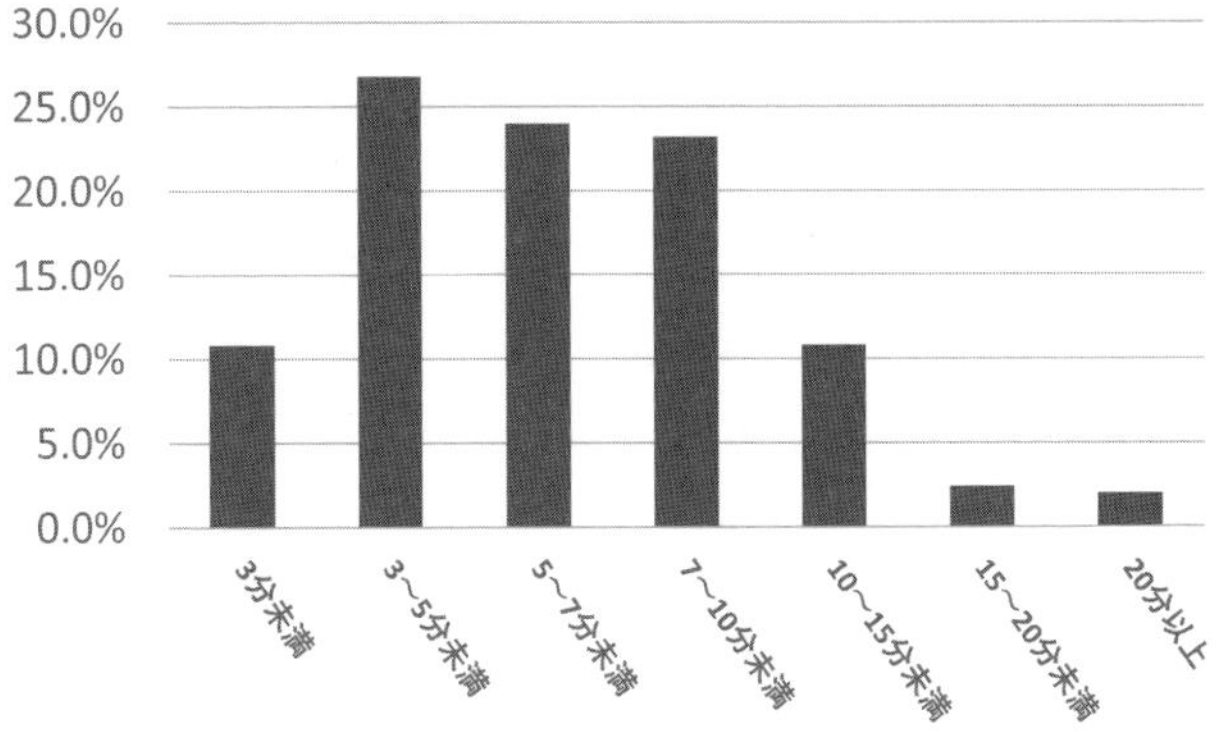

出所：「SUUMO賃貸・一人暮らしのこだわり条件調査」より。
調査期間：2017年3月9日～ 2017年3月13日

自宅を出てから会社に着くまでの、
"理想の"通勤時間は何分ですか？

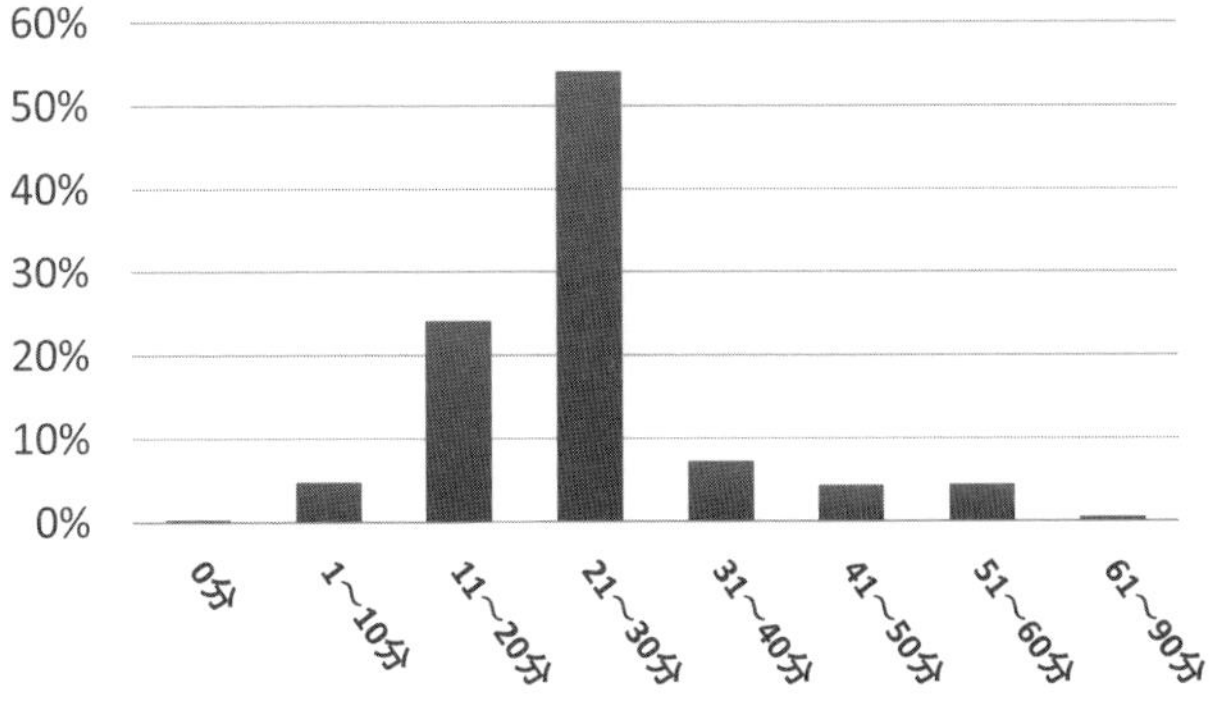

出所：アットホーム
「都内勤務20～30代賃貸一人暮らし会社員の「電車通勤実態」調査（2018)」

人生100年時代ともいわれる現代、高齢期の移動手段や生活のしやすさを考えると、商業施設や病院が近く、鉄道やバス・タクシーなどの公共の交通機関が充実している場所に移りたいというニーズがより増加すると予想されます。

少子高齢化・経済停滞・平均所得の低下・平均寿命の伸長など、過去の日本では考えられなかったさまざまな時代の変化を受け、人々が生活を望むエリアも徐々に変わっています。

購入ポイント③ 税引後キャッシュフローの試算（シミュレーション）

本書で提唱する「保有中のキャッシュフロー」に主眼をおいた収益不動産購入戦略では、その収益不動産において、中長期にわたって適切なキャッシュフローが出ることが重要です。

繰り返しになりますが、キャッシュフローとは、賃料収入から経費（修繕費、固定資産税、管理費、手数料等）を引き、さらに借入の返済金、そして税金を引いた後の、いわゆる最終的な手取り額のことをいいます。

そして、このキャッシュフローに関して、収益不動産を購入した場合の将来推移を予測・試算したものを**キャッシュフローシミュレーション**（以下、CFシミュレーション）と呼びます。

このCFシミュレーションは、今でこそ一般的に行われるようになってきていますが、それでも全てのシミュレーションが購入判断を正確に行うための精度があるとはいえない状況です。例えば、単年度の収支しか検証していない、税金が考慮されていない、賃料の下落を考慮していないなど、甘さがあるシミュレーションが散見されます。購入してから後悔しないよう、適切なCFシミュレーションを行うことが大切です。

次の点に注意して、シミュレーションしましょう。

○借入完済後までのシミュレーションを実施する
○物件単体のCFシミュレーションだけではなく、オーナーの他の収入を考慮した「人単位」でのシミュレーションを実施する
○賃料や修繕費などの変動費を適切に反映する

次ページ図は当社で作成した、一般的な収益不動産購入における、購入から借入完

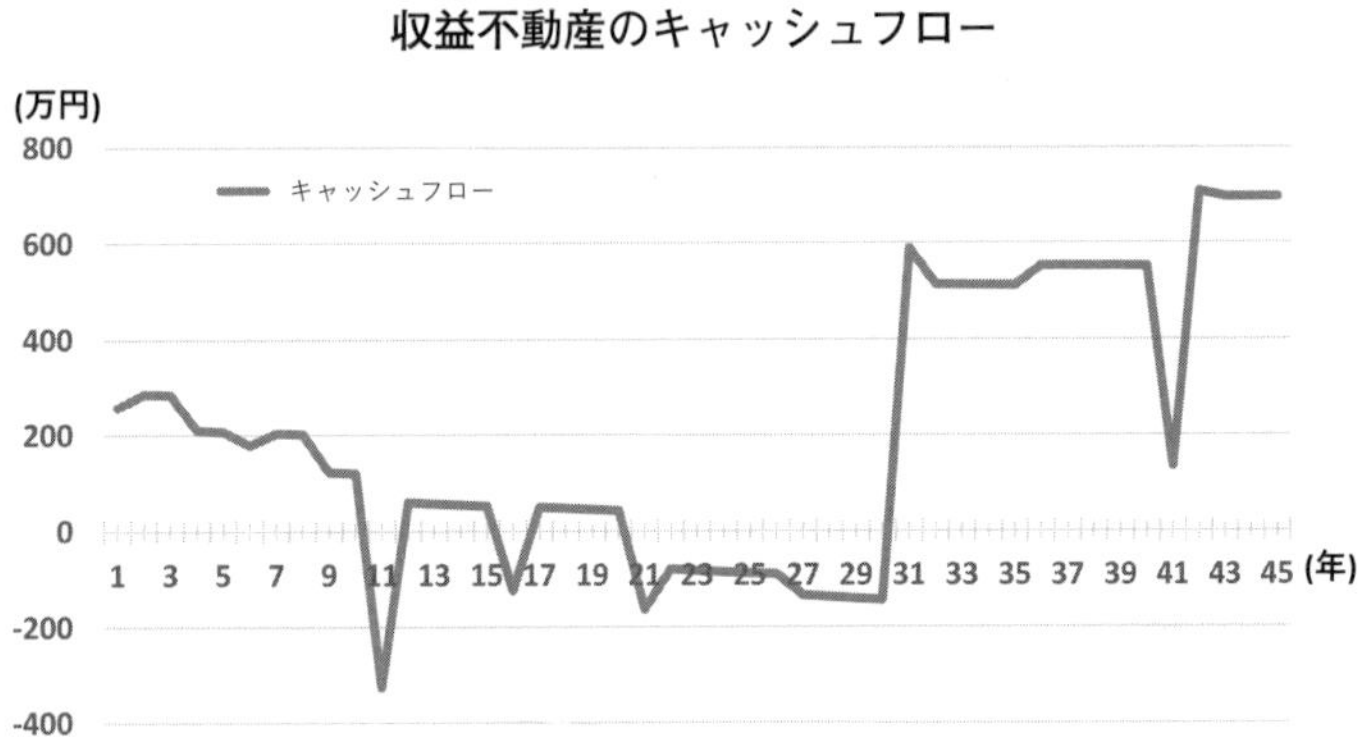

〈設定条件〉
建物：鉄筋コンクリート造　築5年
購入価格：2億2500万円
借入：1億8000万円
利回り（年間賃料÷購入価格）：6％
入居率：95％
賃料の下落率：10年で7％

済15年後までのCFシミュレーションです。ご覧いただくとわかるように、**キャッシュフローには大きな波がある**ことが特徴です。

この大きな波を作る要因となるのは、賃料収入や修繕費・減価償却・返済金のうち元金と利息の内訳などの変動費です。CFシミュレーションを行う場合は、これらの変動費に着目し、**「賃料」「支出」「税金」の3つにおいて適切な設定**がなされているかをチェックすることが大切です。

◆賃料の設定

チェックポイント、一つ目は**賃料の設定**です。賃料は不動産賃貸業において、収入の基礎となる重要な要素です。したがって、購入段階で賃料設定を読み間違えると、後々大きな損失につながります。

賃料の設定については、

○適正な賃料設定がされているか
○賃料の下落率を考慮しているか

この2点を確認したうえで、適切なキャッシュフローが出るかをチェックしましょう。

適正な賃料設定がされているか?

適正な賃料設定とは、**募集開始から3カ月以内で入居者が決まる賃料**と考えてください。賃料設定の確認は、不動産会社から交付される賃料一覧表（レントロール）に基づき進めていきます。賃料一覧表とは、その収益不動産における各部屋の契約状況を一覧にまとめたもので、部屋ごとの賃貸状況（賃貸中か空室か）、賃料条件、預かり敷金、契約期間などが記載されています。

まず確認すべきは空室の有無と、空室があった場合の想定賃料です。今現在空いている部屋がある場合、賃料一覧表には想定賃料として仮の賃料が記入されています。想定賃料とは、その名の通り売主（もしくは売主側の仲介会社）の想定に基づく仮の賃料です。そのため、その賃料で確実に決まるという保証はありません。まずは、想定賃料の設定が適正であるかを確認しましょう。

想定賃料が適正かどうかは「最新の募集状況」を確認すればわかります。空室部分の賃料が適切に設定され、かつ、募集活動が適切にできているのであれば、３カ月以内には入居が決まるはずです。

もし購入しようとする物件に空室があり、それが3カ月以上決まっていないなら、そもそもの設定賃料が適切でない可能性があります。そのような場合には、適正な賃料相場を調べ直し、賃料設定を変更してＣＦシミュレーションを行う必要があります。

また、すでに入居中の部屋の賃料確認も忘れずに行いましょう。入居期間が長く古くから住んでいるような場合、現在の相場よりも高い賃料で借りられているケースがあります。その場合、退去に伴い賃料収入が大きく減少する可能性がありますので、現在の相場賃料に設定しなおしてシミュレーションを行いましょう。

賃料の下落率を考慮しているか？

次は**賃料の下落率の設定**です。不動産会社が作成するＣＦシミュレーションの中には、30年間賃料が変わらない、あるいは変わったとしても下落率の設定が甘すぎるというケースが散見されます。

一般的に賃貸不動産における成約賃料は、需要と供給のバランスに大きな変化がない限り、時間の経過とともに一定の割合で低下していきます。これは時間経過に伴い建物の老朽化・設備の旧式化が進むことで、後から供給される新築に対し、値下げで対抗せざるを得なくなることなどが原因です。

当社管理のデータ（東京・神奈川エリア）によると、**居住用物件の賃料下落率はおよそ10年で7％**という値になっています。ちなみに、三井住友トラスト基礎研究所

賃料は10年間で約７％の下落

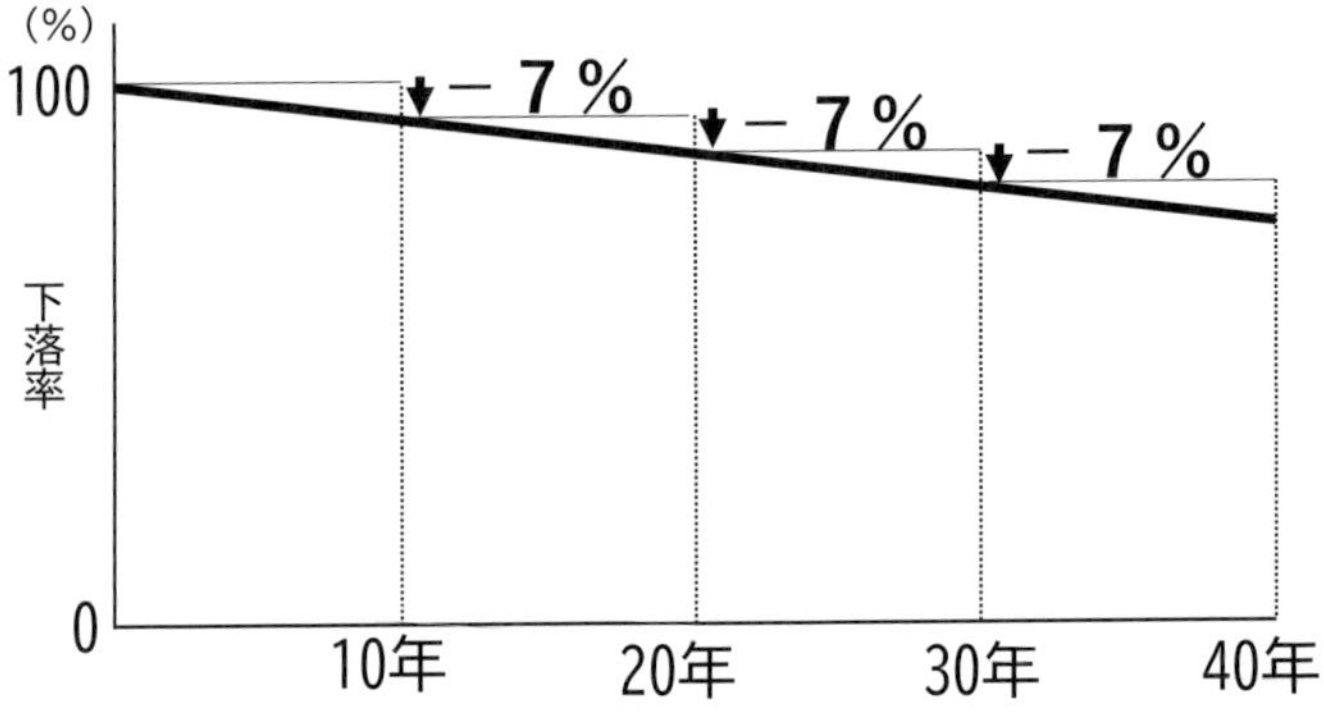

年間の賃料下落率

「経年劣化が住宅賃料に与える影響とその理由（２０１３）」においても、年間の下落率は０・８〜１・２％という同様の調査結果が示されています。

◆支出の設定

チェックポイント、二つ目は**支出の設定**です。

不動産賃貸業を行っていく過程では、建物修繕費用・固定資産税・建物メンテナンス費用・管理会社への手数料など、さまざまな支出が発生します。これらの支出の中には、それが日常的に発生するような運営費（管理手数料、小修繕、固定資産税など）もあれば、15〜20年という長期スパンで発生する大規模修繕費などもあります。

まず、日常的に費用が発生する運営費については、物件の構造・築年数・共用設備などによって大きく異なり、**築年数の経過とともに変動する**点が重要です。

例えば、エレベーターや立体駐車場、植栽などの共用部設備が多い物件の場合、それらが備わっていない物件と比較して運営費が高くなる傾向があります。一方で、戸建賃貸のような共用部分が限定される物件の場合、共用部の多い共同住宅よりも運営費が低く抑えられる傾向があります。このように、運営費は物件によって変わるため、一律に決められるというものではありません。

その他にも、建物の築年数が経過してくると、建物の経年劣化や設備などの故障や不具合が増えることで、新築時よりも小修繕費が増える傾向があります。

運営費の最も確実な設定方法は、売主にこれまでの運営費情報を確認することです。不動産賃貸業を行っているオーナーであれば、毎年の確定申告によって経費の申告を行っているはずです。売主の協力が得られるのであれば、その明細を確認させてもらいましょう。

もし、売主から正確な情報を得られない場合には、一般的な運営費率を参考にしてシミュレーションを組むことができます。次ページ図は当社の管理物件をベースに構

満室時の賃料収入に対する運営費率の目安

貸戸建	14～16%
木造アパート	19～21%
マンション	22～25%

造別の運営費率を算出したものです。これらのデータを上手く活用しつつ、また建物形態や構造・築年数を考慮して、適切に支出の設定を行いシミュレーションを実施しましょう。

日常的に発生する運営費は把握していても、多くの方が見落としがちなのが大規模修繕費用です。

一般的に大規模修繕の対象となる建物主要構造部や設備の修繕サイクルは15～20年といわれています。建物規模にもよりますが、その費用は何百万～何千万円という単位になります。

ちなみに多額の費用がかかるからといって、大規模修繕や設備交換を後回しにしていると、雨漏り・水漏れなど、余計な追加修繕費用が必要になったり、見た目や機能の劣化によって空室の増加や賃料の下落につながります。

いずれも運用中のキャッシュフローに大きな影響を与える要因ですので、適切な時期に大規模修繕が実施できるよう、ＣＦシミュレーションにおいても、その見通しを立てておく必要があります。

大規模修繕費の目安について、最も簡易な計算方法は「一部屋あたり月５０００円」というものです。例えば、６部屋のアパートで新築後15年目に想定される大規模修繕費は５０００円×６部屋×12か月×15年＝５４０万円となります。15～20年サイクルでこれだけの金額が必要となることを想定し、あらかじめ修繕積立金としての費用を見据えておくことが大切です。

なお、収益不動産を購入する場合には、すでに築年数が経過している中古物件を購入することも少なくありません。その場合、これまでの大規模修繕履歴を売主に確認し、未実施だった場合には、適切な時期（築後15～20年サイクル）で大規模修繕費用の支出を見越しておく必要があります。

すでに修繕時期が間近に迫っているということであれば、購入の際に大規模修繕費用相当分を売買価格から価格交渉する、もしくは購入費用にあわせて融資を検討するなどの対策が必要になります。

参考までに構造・タイプ別の修繕費の目安をお伝えします。

・（公財）日本賃貸管理協会「賃貸住宅版　長期修繕計画案作成マニュアル（改訂版）」を基に工事実績を加味して作成。
・2014年時点のモデルで、実際には戸数・時期によって金額の増減が考えられます。消費税は別途です。
・シングルタイプは1K（21㎡）×10戸、ファミリータイプは3DK（50㎡）×10戸をサンプルにしています。
・排水管、給水管の交換費用は含まれていません。

21～25年目	26～30年目	31～35年目	36～40年目	合計
金額	金額	金額	金額	
0	69,200	0	471,000	1,080,400
252,200	252,200	542,900	691,800	1,977,400
17,300	17,300	17,300	143,800	374,100
269,500	338,700	560,200	1,306,600	3,431,900

21～25年目	26～30年目	31～35年目	36～40年目	合計
金額	金額	金額	金額	
0	150,100	0	935,300	2,170,800
317,300	317,300	663,600	1,006,100	2,753,100
17,300	17,300	17,300	207,000	500,500
334,600	484,700	680,900	2,148,400	5,424,400

5年毎の1戸あたり修繕費の目安（鉄筋コンクリート造・重量鉄骨造）

（注）修繕費は建物の状況や修繕の進め方によって異なります。

一般的な修繕費の目安としてご利用ください。

シングルタイプ

部位		6〜10年目	11〜15年目	16〜20年目
		金額	金額	金額
建物本体	屋上　外壁　ベランダ 階段廊下　雨樋	69,200	0	471,000
室内設備	給湯　エアコン　浴室設備 トイレ キッチン　洗面化粧台	29,800	29,800	178,700
その他	排水管　給水管　外部建具 外構	17,300	17,300	143,800
1戸あたりの修繕費の合計		116,300	47,100	793,500

ファミリータイプ

部位		6〜10年目	11〜15年目	16〜20年目
		金額	金額	金額
建物本体	屋上　外壁　ベランダ 階段廊下　雨樋	150,100	0	935,300
室内設備	給湯　エアコン　浴室設備 トイレ キッチン　洗面化粧台	35,400	35,400	378,000
その他	排水管　給水管　外部建具 外構	17,300	17,300	207,000
1戸あたりの修繕費の合計		202,800	52,700	1,520,300

・(公財) 日本賃貸管理協会「賃貸住宅版　長期修繕計画案作成マニュアル(改訂版)」を基に工事実績を加味して作成。
・2014年時点のモデルで、実際には戸数・時期によって金額の増減が考えられます。消費税は別途です。
・シングルタイプは1K (21㎡) ×10戸、ファミリータイプは3DK (50㎡) ×10戸をサンプルにしています。
・排水管、給水管の交換費用は含まれていません。

21～25年目	26～30年目	31～35年目	36～40年目	合計
金額	金額	金額	金額	
0	40,500	0	437,700	801,700
206,200	206,200	427,900	576,800	1,655,400
17,300	17,300	17,300	143,800	374,100
223,500	264,000	445,200	1,158,300	2,831,200

21～25年目	26～30年目	31～35年目	36～40年目	合計
金額	金額	金額	金額	
0	82,200	0	959,200	1,667,900
271,300	271,300	548,600	891,100	2,431,100
17,300	17,300	17,300	207,000	500,500
288,600	370,800	565,900	2,057,300	4,599,500

5年毎の1戸あたり修繕費の目安（木造・軽量鉄骨造）

（注）修繕費は建物の状況や修繕の進め方によって異なります。
一般的な修繕費の目安としてご利用ください。

シングルタイプ

部位		6〜10年目	11〜15年目	16〜20年目
		金額	金額	金額
建物本体	屋根　外壁　ベランダ 階段廊下　雨樋	40,500	0	283,000
室内設備	給湯　エアコン　浴室設備 トイレ　キッチン　洗面化粧台	29,800	29,800	178,700
その他	排水管　給水管　外部建具 外構	17,300	17,300	143,800
1戸あたりの修繕費の合計		87,600	47,100	605,500

ファミリータイプ

部位		6〜10年目	11〜15年目	16〜20年目
		金額	金額	金額
建物本体	屋根　外壁　ベランダ 階段廊下　雨樋	82,200	0	544,300
室内設備	給湯　エアコン　浴室設備 トイレ　キッチン　洗面化粧台	35,400	35,400	378,000
その他	排水管　給水管　外部建具 外構	17,300	17,300	207,000
1戸あたりの修繕費の合計		134,900	52,700	1,129,300

◆税金の設定

チェックポイントの最後は、**税金の設定**です。

不動産会社によるシミュレーションの中には、そもそも税金が考慮されていない（＝税引き前の利益のみを計算している）ケースがあります。個人はもちろん法人でも所得や売り上げによって税率の違いがありますので、物件単体ではなく、個々人の属性を考慮したシミュレーションを行うことが大切です。

また、キャッシュフローに大きく影響を与える要素として、返済内訳の変動があります。そもそも金融機関に対する借入金の返済は、元金分と利息分の二つの支払いで構成されます。元金と利息はどちらも現金支出を伴うという点では違いはありませんが、税金を計算する際には、**元金分は税務上の経費に算入できない**という注意点があります。

元利均等返済方式の場合、毎月の返済総額は一定ですが、返済が進むにつれて返済総額に占める利息の割合が減少していきます。つまり、税務上の利益が増加し、それに伴って税金も増加していくのです。

この結果、収入と支出・返済額は大きく変わらないのに、時間が経過するほどキャッシュフローが減っていくという現象が発生します。場合によっては、税務上の利益は出ているのに税引後のキャッシュフローは赤字というケースも発生します。

この返済内訳が変動することによるキャッシュフローへの影響は、時間経過を考慮したシミュレーションをしてみないと気づきにくいポイントです。にも関わらず、時間経過を考慮していない（＝単年度のシミュレーションのみ）というケースもみられます。**必ず税金を考慮し、かつ単年度の収支にとどまることなく、借入金完済後までのシミュレーションを組むことが大事**です。

購入ポイント④ 信頼できるパートナー選び

購入ポイントの最後は、**不動産会社選び**です。

購入する際の不動産会社選びは、物件選びと同じくらい大切な要素です。不動産会社は各社個性があり、経営方針もさまざまです。2社の不動産会社に対して同じ内容の相談をした場合、その相談に対するアドバイス・提案が正反対ということもあるほどです。

現代では、一般の人でもインターネットや書籍を用いて収益不動産に関する多くの情報を入手できるようになりました。しかし物件情報の提供をはじめ、条件の交渉、物件調査、契約業務など、不動産会社抜きでは収益不動産を購入することはできません。

では、どのように信頼のおける不動産会社を見分ければいいのでしょうか。

◆売買はもちろん、管理の実績が伴った会社であるか？

その会社が信頼に足るかどうかを調べるには、その会社の過去の実績を知るのが一番です。具体的には、**売買取引の件数はもちろん、賃貸管理の戸数や入居率**が目安になります。

収益不動産の場合は、**買って終わりではなく、買ってからが事業のスタート**です。不動産賃貸業は10年・20年という長期に渡る事業で、かつ、金額も大きくなります。売りっぱなしで「後は自分でやってください」というような会社に、あなたの10年・20年後の未来を左右する買い物を任せられるでしょうか。買った後はもちろん「次の世代に渡って責任をもって管理します！」そう言ってもらえるような会社を選択したいものです。

購入時のパートナー選び
チェックポイント

□ 売買はもちろん、管理業務を行っているか？

□ メリットだけでなくデメリットも伝えてくれるか？

◆メリットだけでなく、デメリットも伝えてくれるか？

収益不動産の購入に絶対や完璧はありません。コインの裏表のように、他の物件と比較してよい面があれば、逆に劣る面も必ずあります。例えば、よい面だけを誇張して悪い点に触れずに物件を勧めてくるような会社は、お客様のためではなく、自分達の利益のために物件を売りつけようとしているのかもしれません。

情報の非対称性が強くなりがちな不動産取引だからこそ、お客様の立場で広く情報を公開してくれる会社を選択しましょう。

3 収益不動産購入の実践手順

ここまでは収益不動産購入で押さえるべきポイントについてお話ししました。
それでは実際に収益不動産の購入を検討しようとなった場合、どのような手順で物件を探し、購入していけばよいのでしょうか。ここでは、その実践手順について解説します。

本格的な物件探しの実践手順

実践手順① 購入目的を明確にする
実践手順② 仮物件で購入シミュレーションを行う
実践手順③ 金融機関に融資相談する

実践手順① 購入目的を明確にする

収益不動産購入では、何をゴール（目的）とするかによって、選ぶべき物件の種類や特徴が異なってきます。物件を買うと決めたら、すぐにでも不動産会社に連絡を取り物件を探したくなるかもしれませんが、まず初めにすることは、**収益不動産を購入する目的を明確にする**ことです。

収益不動産の購入目的は**「資産形成」**と**「節税対策」**の大きく二つに分類されます。

◆資産形成

資産形成を目的とする場合には、将来にわたって安定的な収益（キャッシュフロー）を獲得することが重要になります。

したがって長期にわたって安定的な収入（賃料）が見込める物件＝特に**今後も賃貸需要が見込める立地**の物件を選ぶ必要があります。

また、建物の構造は、堅固構造（鉄筋コンクリートなど）の物件を選択したほうが、より長期間の運用が可能になります。

◆節税対策

相続税対策

相続税対策を目的とする場合、購入する物件の時価と相続税評価額がギャップが大きいほど、より大きな節税効果を生むことができます。

時価>相続税評価額

となっていることが重要です。この時価と相続税評価額のギャップが大きいほど、より大きな節税効果を生むことができます。

ちなみに、大きな節税効果を生みやすい収益不動産は、**土地に対して建物の規模が大きい収益不動産**です。具体的には、都心の駅近や商業系の用途地域でよく見かけるような、小さな土地に大きな建物が建築されているような物件です。駅前に建築されている、どちらかというと縦に長い形態のビルをイメージするとわかりやすいでしょう。

このような商業系の用途地域では、住居系の用途地域に比べて建ぺい率・容積率が大きく、小さな土地面積でより大きな建物を建築することができます。

同じ建物規模の収益不動産を比較した場合でも、その建物が建築されている土地面積が小さければ、その分、相続税評価額が抑えられ、結果、相続税の節税効果が高くなるという仕組みです。

所得税対策

所得税対策の場合、建物の減価償却を活用することとなります。理想的なのは、**土地に比べ建物の評価が大きく、かつ築年数が経過していて短期間で減価償却を計上できるような物件**です。

ただしこのような物件は、償却期間が終了してしまうと、税務上の経費が一気に減ることで税金が増加し、結果、キャッシュフローが大きく減少することに注意が必要です。そのような場合には、タイミングを見計らって売却をするか、新たに収益不動産を購入するなどの対策が必要です。

実践手順② 仮の事業シミュレーションを行う

物件購入の目的が明確になったら、シミュレーションをしてみましょう。具体的には、自身のイメージに近い物件をいくつかピックアップし、目的が本当に実現できるかどうかを検証するため、仮の事業収支を組んでみます。この時、場合によっては不動産会社に訪問し、自身が思い描いている目標や物件イメージを伝え、物件情報を提供してもらいましょう。

仮のシミュレーションを作成し、最初に確認すべきことは、**賃料収入の範囲で不足なく経費や借入金・税金を払っていけるか**という点です。そして資産形成を目的にする場合には、**目的とするキャッシュフローが将来にわたって得られる見込みがあるかどうか**を確認します。また、相続税対策を目的としている場合には、現状の相続税の試算を行ったうえで、**目的としている節税効果を得られるかどうか**を確認します。

ちなみにこの段階では、あくまでも当初の購入目的を達成できるかどうかの見通しを立てることを目的としています。ですので、とにかく物件情報をたくさん集めたり、いろいろな物件の現地を見に行くというよりも、まずは**希望する条件（エリア・構造・築年数・価格帯など）に近い物件を仮で選定し、収益物件購入の目的が実現可能かどうかの確認をする**ことが大切です。もちろん、実際に購入するわけではないので、抽出する物件は販売中でも成約済でも構いません。

実践手順③ 金融機関に融資相談

仮の事業収支シミュレーションができあがり、購入のイメージがつかめたら、次は金融機関に融資の相談をしに行きます。

「こんなイメージで物件を購入することを検討しているが、どれくらいの融資をしてもらえるのか？　条件（金利・期間）はどのようになるのか？」とおおまかな融資条件をヒアリングします。

提示された融資条件が、想定と大きく異なるような場合には、改めて物件条件を見直したり、自己資金の追加を検討したりする必要が生じます。

なお、金融機関には大手都市銀行から、地域密着型の金融機関（信用金庫・信用組合等）、政府系金融機関（日本政策金融公庫等）まで、さまざまな種類があります。この中でも地主や中小企業経営者などにお薦めなのは、**信用金庫や信用組合など、地域密着の金融機関**です。

理由としては、地域金融機関は「中小企業を中心とする地域の資金需要に応え、地域社会の活性化に貢献する」という理念をもっているので①さまざまな相談に乗ってくれる②顧客のことを第一に考えてくれる③顧客のニーズを聞いたうえで融資をしてくれる、という特長があるからです。

●中小企業診断士コラム 3

「財務3表」は個人の資産把握にこそ活用すべし

ワンポイントコラムの3つ目は財務管理です。

企業における財務管理とは、資産・負債・損益・キャッシュフローの管理を行うことで、最終的には企業の資金運用について戦略を立て、実行することを目的としています。当然、不動産賃貸業も一つの事業・ビジネスですので、企業における財務管理を、そのまま活用することができます。

財務管理をこれから始めようという方が、まず初めに取り組むべきことは正確な財務状況の把握です。一般的に、企業の財務管理は損益計算書（PL）・貸借対照表（BS）・キャッシュフロー計算書の財務3表で行われます。この三つの財務表によって、財務状況の時点管理（資産・負債管理）とフロー管理（キャッシュフローと税務上の損益管理）ができる仕組みになっています。

財務3表の役割

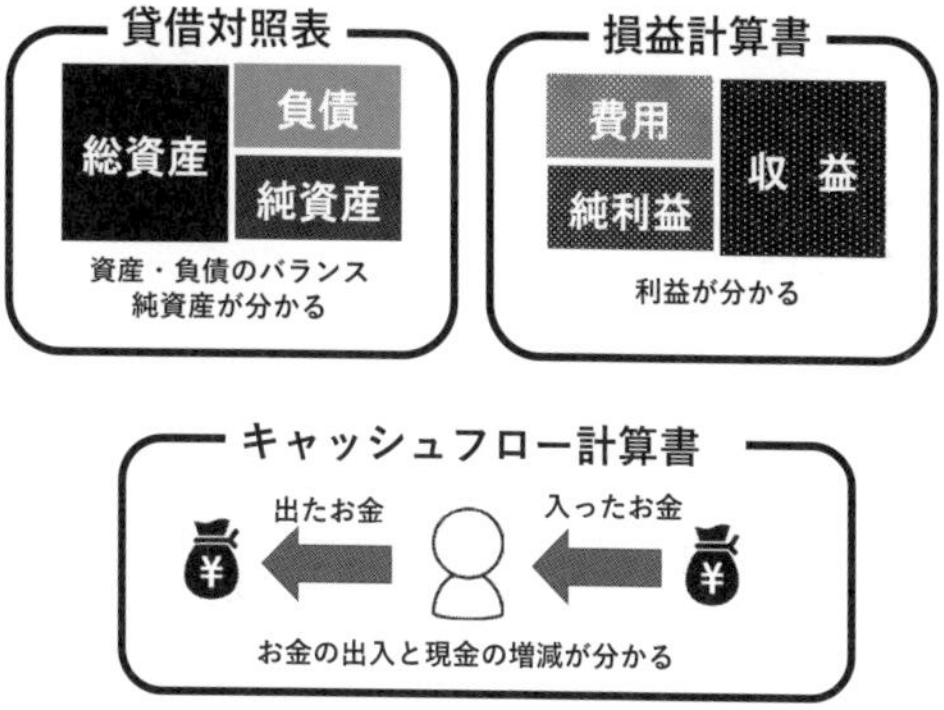

つまり、この財務3表を自身の賃貸不動産業を対象に作成することができれば、自身の財務状況を手に取るように把握することができます。財務3表を一度理解してしまえば、簡単にかつ正確に財務状況を把握することができますので、不動産賃貸業で活用しない手はありません。

とはいえ、財務3表の仕組みや3表の関係性を理解するには簿記の知識が必要になり、誰でもすぐにわかるというものではありません。

そこで当社では、「棚卸しシート」という独自の資産状況把握シートを活用し、なるべく簡単に資産状況が把握できるような仕組みを整えています。いきなり財務3

表の作成をするのはハードルが高いという方は、この棚卸しシートのような形から入ってみるのがよいでしょう。

この棚卸しシートでは、貸借対照表で重要な財務の時点確認、そして損益計算書・キャッシュフロー計算書で重要な財務のフロー確認が一枚でできるようになっています。さらに、個人の資産管理において特に重要な相続税対策という面でも、節税力（時価と相続税評価額の乖離）や、各資産の運用利回りがチェックできるようになっています。

すでに不動産を複数保有している方であれば、この棚卸しシートを活用して、それぞれの不動産を今後どのように活用していくのがよいか、次の三つの視点で検討してみてください。

○これからも残していく資産
○有効活用して収益性を高める資産
○売却する資産

不動産の棚卸しシート

「相続税評価額」「時価」

価格を比較することで、相続税が割高となる不動産を見つけることができます。相続税評価額>時価となっている不動産は要注意。


「収益力」

各不動産の価格に対する収益力を出すことで、各不動産の持つ「稼ぐ力」の大きさを数値で確認することができます。(当社目安 4%以上)

「キャッシュフロー」

各不動産がどれだけのお金を生み出しているかを計算することで、その物件にどれだけ投資できるかや、手元に残る生活費などが確認できます。


(年額　単位:円)

	利用状況	土地/建物	所有者	① 面積(㎡)	② 路線価(円/㎡)	③ (土地)路線価×面積 (建物)固定資産税評価額	④ 相続税評価額合計	⑤ 時価	⑥ 賃料収入(前年申告書記載の金額)	⑦ 賃料収入に対する時価利回り(%)	⑧ 支出 土地固都税	⑨ 支出 建物固都税	⑩ 支出 その他経費	⑪ 支出 合計⑧+⑨+⑩	⑫ 収支⑥−⑪	⑬ 収益力⑫/④(%)	⑭ 借入金返済額	⑮ キャッシュフロー⑫−⑭	⑯ 課題	⑰ 今後の方向性
1																				
2																				
3																				
4																				
合計																				

「課題」

算出された各数値の分析をし、当社独自の判断基準により物件ごとの課題を洗い出します。


「今後の方向性」

明らかにした課題に対し、解決の方法や対策の時期、将来的な見込みなどを明確にします。

※棚卸しシートは、㈱市萬が独自に作成した資産管理シートです。

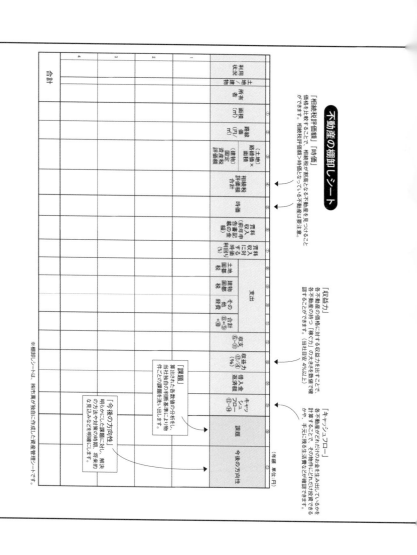

不動産賃貸業では財務3表のなかでも、特に損益計算書（PL）・キャッシュフロー計算書に相当するフローの管理は比較的重視されている一方、貸借対照表に相当する資産の時点管理はまだまだ浸透していないように感じます。

時点管理を導入すれば、より正確に財務状況を把握することができます。これらの財務管理ができることによって、より経営に近い視点での賃貸経営や収益不動産購入ができるはずです。

なお、正確な財務3表の作成を行う場合には、税務の専門家に依頼することをお勧めします。

第4章

“買ったら終わり”ではない賃貸管理の重要性

1 収益不動産はその後の賃貸管理で決まる！

前章までは、収益不動産購入のポイントや注意点についてお伝えしました。

しかし、収益不動産による不動産賃貸業は、**買って終わりの不労所得ではありません。**なぜなら、購入してからの賃貸管理次第で、その成果（利益）をさらに高めることもできれば、逆に本来得られたはずの成果（利益）を大きく損なう結果になってしまうこともあるからです。

具体的にその理由を説明します。まず大前提として、不動産賃貸業の損益は「保有中のキャッシュフロー」と「不動産価格の変動」で決まると第3章で解説しました。**保有中の賃貸管理が成功するということは、賃料の維持や上昇、高入居率が実現するということ**です。すなわち、不動産賃貸業における収入が最大化し、同時に「保有中のキャッシュフロー」も最大化するということです。

さらに、賃料が上昇するということは、その物件の価値が上がることになります。

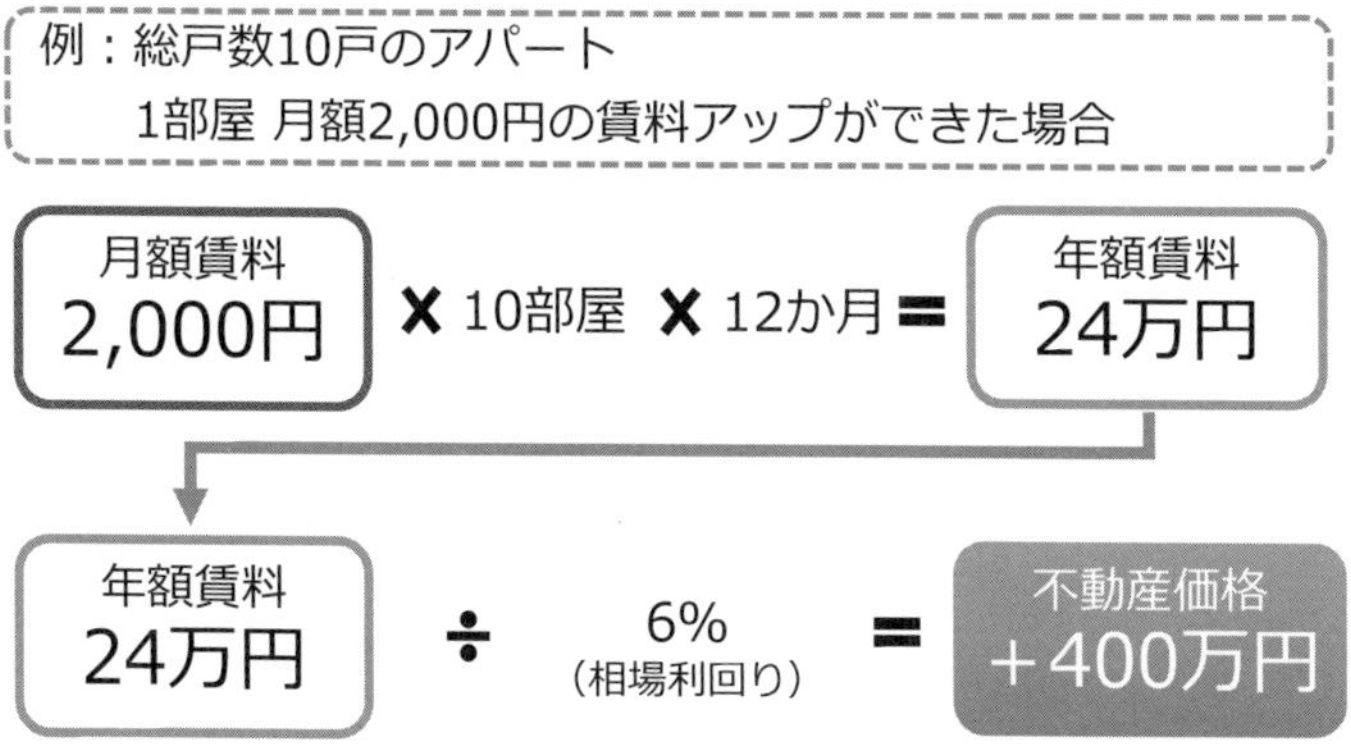

これは収益不動産が収益還元法（賃料収入÷相場利回り）という考え方に基づき価値が算出されることによるものです。

例えば、総戸数10戸のアパートが、賃貸管理の成果で1部屋2000円の賃料アップに成功したとします。年間賃料にすると約24万円（2000円×10戸×12か月）の賃料アップです。仮に、その物件の立地・特性に基づく相場利回りが6％である場合、単純計算をすると24万÷6％＝400万円の価値向上につながっていることになります。保有期間中に不動産の価値が上昇するということは「保有中のキャッシュフロー」と合わせて「不動産価格の変動」もプラスとなり、トータルで収益が大きくなるということです。
以上のことからも、**賃貸管理の成功こそが、収益不動産購入による利益を最大化させる重要なポイント**なのです。

実際に、収益不動産購入で成功している多くのオーナーに共通するのは、物件選びのこだわり以上に、購入後の賃貸管理にもこだわりを持っているということです。それは**日々の賃貸管理を適切に行うことこそが、収益不動産購入を成功させる鍵**であることを理解しているからでしょう。なかには、購入する時点ですでに共用部・専有部のリフォームのことまで具体的にイメージしている方もいらっしゃいます。

ちなみに、この「賃貸管理」という概念が浸透してきたのは、ここ20年ほどの話です。以前は、不動産賃貸業＝経営という考え方自体があまりなく、そもそも、そのような認識をする必要がないくらい、不動産賃貸業にとっては恵まれた時代でした。
当然、そのような時代には「賃貸管理」にわざわざお金を払うという習慣自体もありません。空室が出たら、その都度、馴染みの不動産会社に客付けを依頼し、ついでに要望対応や更新手続きもお願いする・・・つまり、賃貸管理は仲介業務のオマケ程度の位置づけだったのです。

それが今や市況が一転、賃貸業界は空前の部屋余りです。**オーナーが入居者を選ぶ時代ではなく、入居者が物件（オーナー）を選ぶ時代に変わった**のです。

オーナーも認識を改め、他の物件と比較して入居者から選ばれる物件作り・部屋作りはもちろん、入居後の満足度を高めて、なるべく長く住んでいただく取り組み（＝テナントリテンション）を行わなければ、簡単に淘汰される時代になってきました。

前時代のような収益不動産（賃貸不動産業）＝不労所得という意識のままではこれからの不動産賃貸業では生き残っていけません。あなたの収益不動産購入を成功に導くためにも、**購入後の賃貸管理をおざなりにしてはいけない**のです。

2

賃貸管理において最も優先すべきは「高入居率の実現」

購入後の賃貸管理で、費用対効果が高く、収益を最大化させるポイントとは何でしょうか。それは**「高入居率の実現」**です。

賃貸不動産業において収益を最大化させる方法には、大きく分けて二つの手段があります。一つ目は「収入を増やす」、二つ目は「支出を減らす」ということです。

さらにこれらは「賃料を上げる」「入居率を上げる」、そして「経費を下げる」「返済額を下げる」という四つの手段に分解されます。

では、これら四つの手段のうち、オーナーが特

収益を最大化させるには？

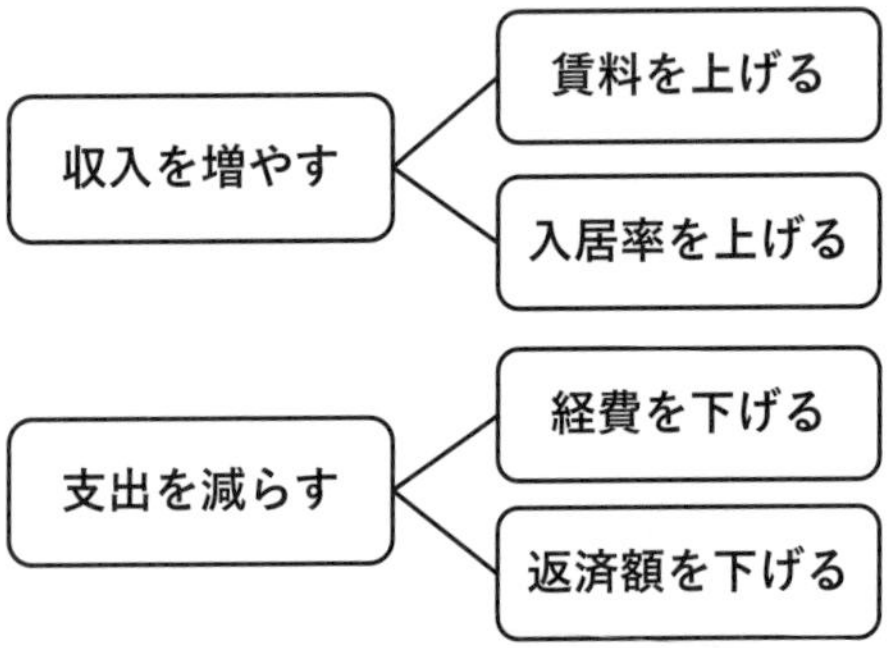

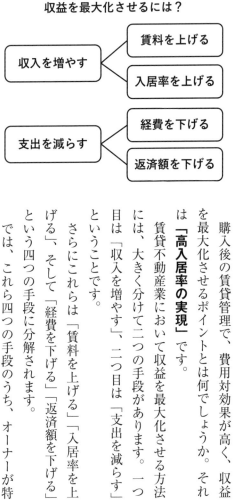

に優先して取り組むべきものはどれでしょう。

まず「賃料を上げる」、「経費を下げる」という二つの手段は、お互いがトレードオフ（表裏一体）の関係にあります。つまり、賃料を上げようとすればリフォーム費用（経費）が上がり、経費（リフォーム費用）を安く済ませようとすると、賃料が下がるというわけです。

なぜなら、賃料を上げるためには、物件価値を上げるリフォームが不可欠で、そのためには支出が伴います。一方、経費を下げるためにはリフォーム費用を抑えなくてはならず、それは物件価値の低下につながり、賃料を下げる原因となるからです。やみくもに賃料を上げる、経費を下げるというのは、結果的にオーナーの利益につながらないケースもあるのです。

また「返済額を下げる」という方法は、金融機関という第三者の協力が必要であり、必ずしも誰もが上手くいく方法ではありません。

つまり、賃貸不動産業における収益を最大化させるために、オーナーが真っ先に優先して取り組むべき事柄は「入居率を上げる（高入居率を実現する）」ということになるのです。

3 高入居率実現のポイント

高い入居率を実現するための基本となるポイントは、**物件の「商品力」と「営業力」を高める**ことです。

まず、商品力とは、部屋探しをする方が「ぜひ入居したい！」と感じるような「物件自体の魅力」のことです。入居者の嗜好の変化はもちろん、建物設備は日々進化しています。特に物件の顔となる共用部については、清潔感や明るさを保ち、第一印象をよくすることが大切です（第5章 市萬の管理事例①参照）。専有部についても入居者の嗜好の変化に合わせて、内装や設備を柔軟に変え、魅力を維持していくことが必要です（第5章 市萬の管理事例②③参照）。

一方、営業力とは「自分の物件の魅力を伝え、入居申込につなげる力」です。どれだけ商品力を磨き、魅力的な物件にしたとしても、適切な営業ができていなければ申込にはつながりません。

特に現代の部屋探しはインターネットを中心に行われていますので、インターネットに対応した募集活動は欠かせません。

また、不動産会社の営業担当者による紹介を強化するため、有力な不動産会社・営業の方に自らの物件を知ってもらうことや、魅力の伝わる募集図面を作ることも大切です（第5章 市萬の管理事例④⑤参照）。

賃貸管理業務サイクル

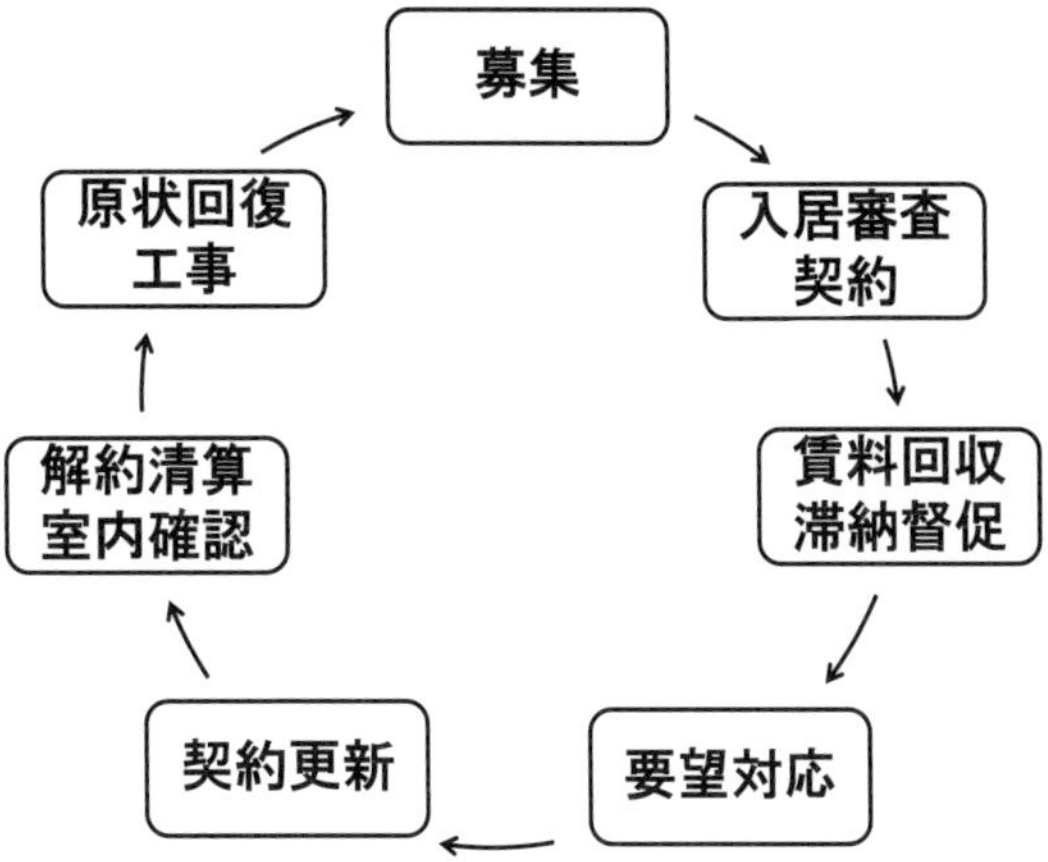

とはいえ、実は商品力と営業力を磨くことは、高入居率を実現するための、ほんの入口にしかすぎません。高い入居率を継続して実現していくためには、ほかにも賃貸管理上のさまざまな要素が絡んできます。

　上図は賃貸管理における一般的な業務サイクルを表したものです。一般的に不動産賃貸業における管理業務は、募集→入居審査・契約→賃料回収・滞納督促→要望対応→契約更新→解約清算・室内確認→原状回復工事・・・という一連のサイクルになっています。

例えば、商品力と営業力を磨いた結果、入居申込が入ったからといって、誰とでも契約するというわけにはいきません。入居審査や賃貸借契約の条件設定（トラブルの可能性がありそうな入居者の場合は、定期借家契約にするなど）は、リスク管理という視点でとても重要なポイントです。入居審査や賃貸借契約の内容を誤ると、賃料滞納や契約違反などの不要なトラブルを招き、賃貸経営に大きな損失を与える可能性もあります。

無事契約が終わり入居した後は、入居者に対する管理業務（入居者からの要望や設備不具合の対応、更新業務など）があります。

物件はもちろん、管理サービスへの不満は早期退去につながり、逆に住み心地がよく満足度が高ければ、入居期間も伸び入居率の維持につながります。

入居者からの要望連絡には、緊急性の高い案件（お湯が出ない、水漏れ、電気が点かない、鍵が開かないなど）も含まれます。入居者の暮らし・生活・財産、極論をいえば命に関わる場合もありますので、迅速かつ的確な対応が求められます。

以上が賃貸業務の一連の流れです。

ここまでの話で、業務の多様さ、煩雑さに不安を感じた方もおられるかもしれませんが、ご安心ください。不動産賃貸業における賃貸管理業務の多くは、外部のパートナーと協力体制を組んで取り組むことができます。そのパートナーとは、オーナーの代わりに賃貸経営の経営代行を行う不動産管理会社です。

不動産賃貸業を行う多くのオーナーが、管理会社と協力体制を築いて不動産賃貸業を運営しているのです。**賃貸管理業務を外部委託できる仕組みができれば、自分の時間や労力は最小限にして高入居率を実現する賃貸経営が可能**です。

4 管理会社の選び方

では、パートナーとすべき管理会社はどのように選べばよいのでしょうか。

管理会社とひとくちにいっても、その種類は**「賃貸仲介・管理兼業型」**と**「管理専業型」の大きく二つ**に分けられます。

この2種類の管理会社の最も大きな違いは、その収益構造です。管理会社がどちらの収益構造を採用しているのかによって、管理運営の方針はもちろん募集方法も異なってきます。大事なのは、いかにあなたの不動産賃貸業の収益を大きくしてくれる管理会社を選ぶか、ということです。ここではまず、2種類の管理会社の特徴をお伝えしましょう。

賃貸仲介・管理兼業型

自社で賃貸仲介業務と管理業務を一緒に行うのが賃貸仲介・管理兼業型の管理会社

です。世間一般でいわゆる「管理会社」と呼ばれる不動産会社の多くが、このタイプに分類されます。

「管理をする会社がそのまま賃貸の仲介もしてくれるなら、手間がかからなくてよい」、多くの方はそう思われるかもしれません。しかし、賃貸仲介・管理兼業型の会社に管理を依頼すると、自社での賃貸仲介にこだわるあまり、募集情報が幅広く公開されず、結果として入居申込のチャンスを失う可能性があるのです。その理由は、賃貸仲介・管理兼業型の収益構造にあります。

「賃貸仲介・管理兼業型」

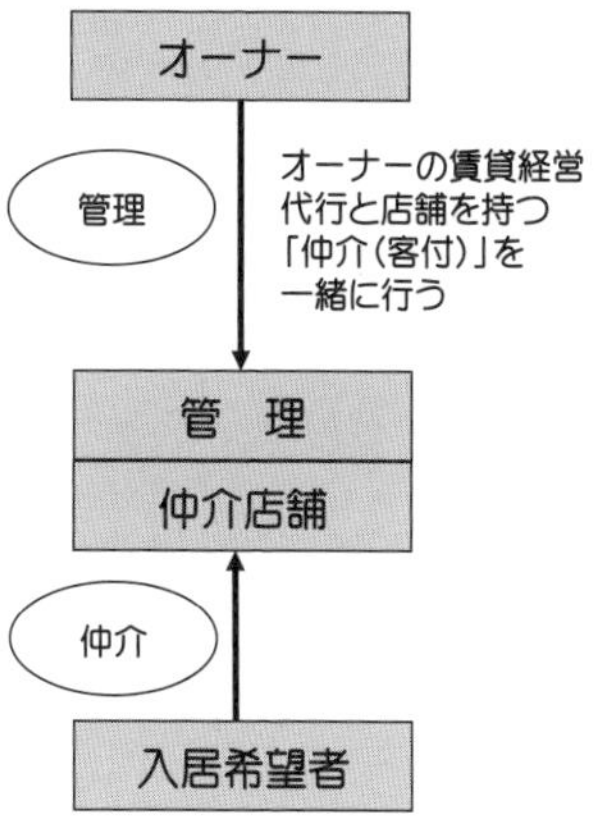

賃貸仲介・管理兼業型の会社が自社で入居者を見つけた場合、入居者から仲介手数料を1カ月分、さらにオーナーからも業務委託手数料を1カ月分もらうことができるため、計2カ月分の手数料収入が得られることになります。これを両手と呼びます。

一方、他社に募集情報を提供し、他社が入居者を見つけた場合、管理会社に入る収

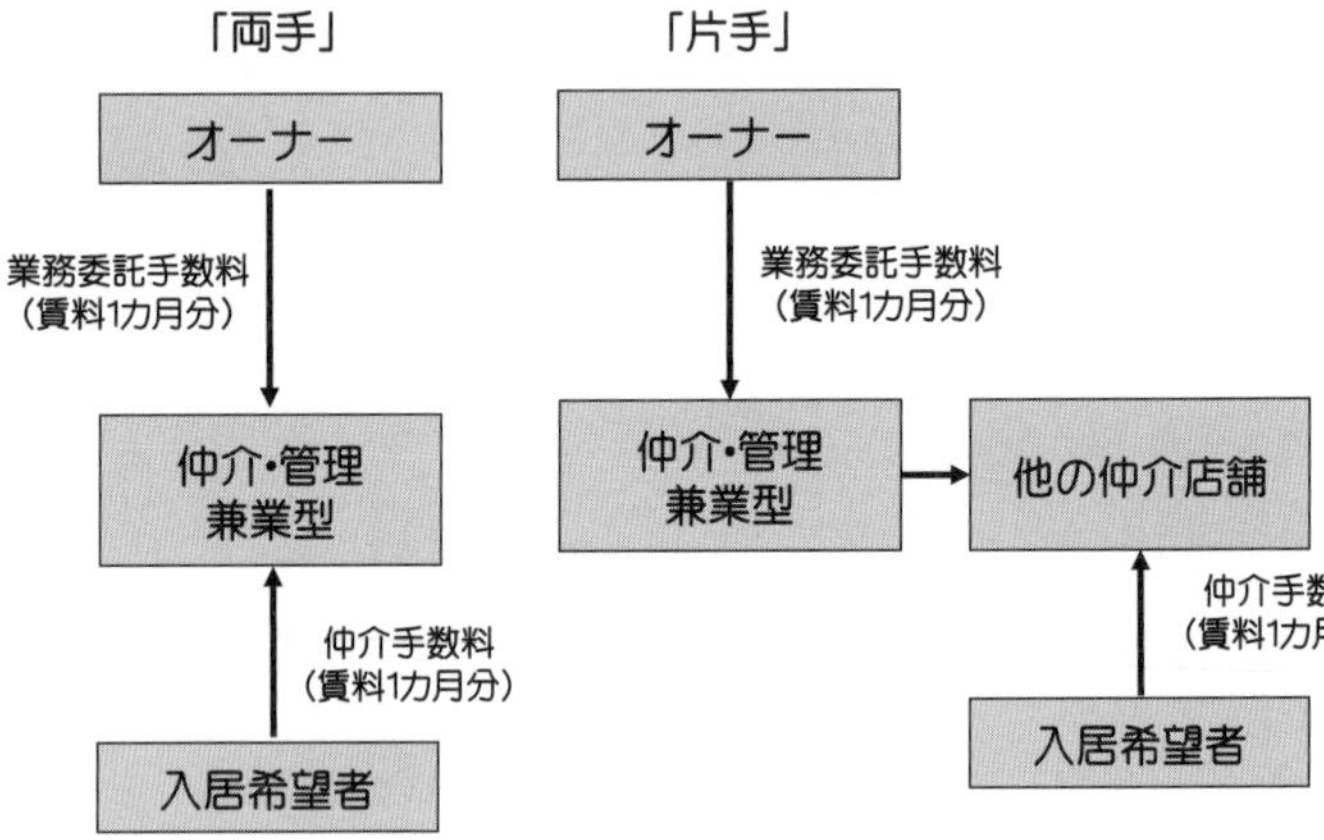

入はオーナーからの業務委託手数料1カ月分のみとなり、収入が半減してしまうのです。これを片手と呼びます。そのため、賃貸仲介・管理兼業型の管理会社では、なるべく自社で仲介ができるように、**募集情報を他社に公開したくないという意識が働く**のです。

管理専業型

一方、管理専業型の不動産会社は、**オーナーの賃貸経営代行に特化した業務を行い**ます。収益源は毎月の管理手数料だけです。

自社で仲介窓口をもたない管理専業型の管理会社は、空室が出た際、募集の間口を最大限広げるために、より多くの賃貸仲介会社に幅広く情報を提供し募集を行います。

そして情報提供先の賃貸仲介会社のやる気をより一層引き出すため、オーナーから受け取る業務委託手数料は、客付けした賃貸仲介会社にそのまま渡す仕組みを取り入れています。

客付けした賃貸仲介会社は、管理会社からの業務委託手数料と入居者からの仲介手数料、計2カ月分の支払いを受けることになりますので、結果として、優先的に客付けをしたいという意識が働くのです。

「管理専業型

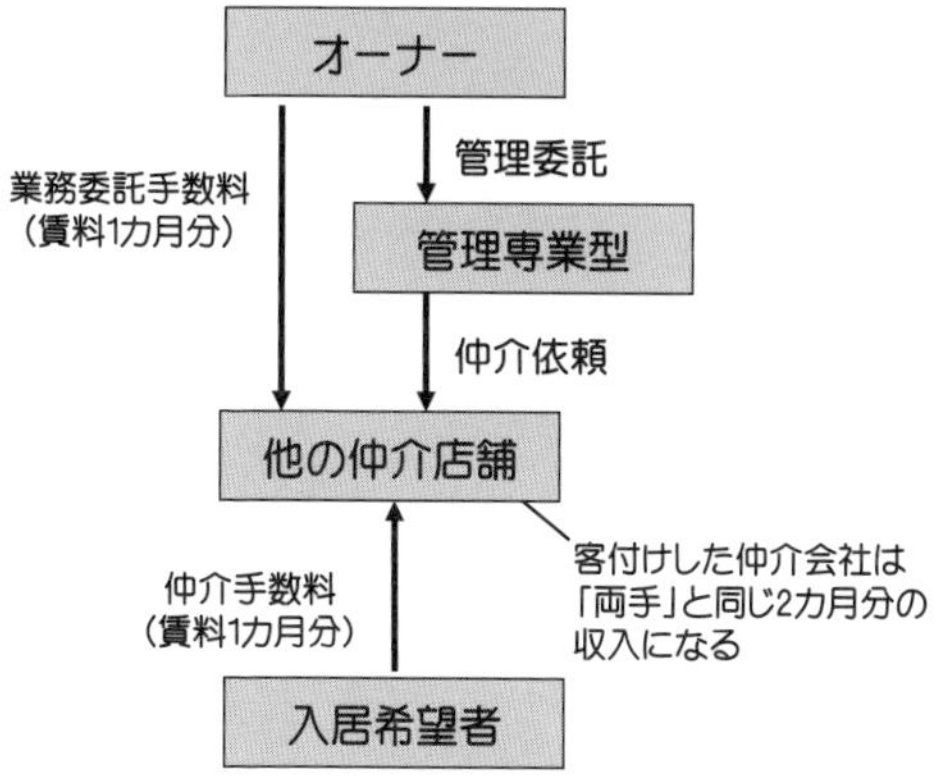

「管理専業型の管理会社は、自分のところに業務委託手数料が入らないのに、なぜ一生懸命に空室を埋めるのだろう？」このような疑問を抱かれるかもしれません。

それは、**管理専業型管理会社が収入源としている管理手数料が、管理物件の入居中の賃料と連動する報酬形態になっているから**です（一般的には回収賃料の5％前後）。

つまり管理専業型の管理会社では、管理物

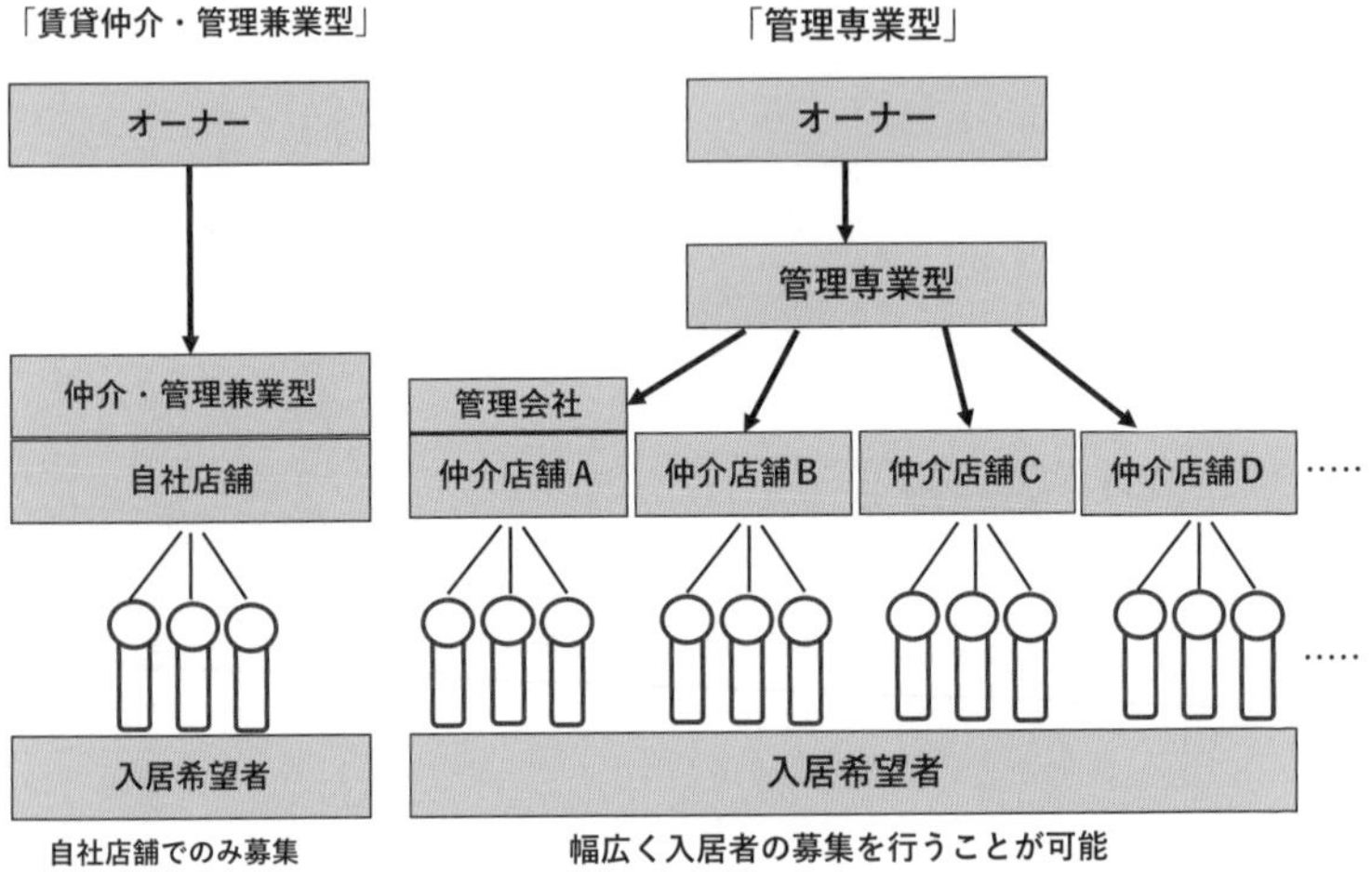

件を空室のままにしておくと、その分の管理手数料が入ってきません。だからこそ、自社の仲介にこだわることなく幅広い募集を行い、早期に入居者を決め、かつ長く住んでもらうことを目指しているのです。

幅広い募集ができる管理会社を選ぼう

上図は、「仲介・管理一体型」と「管理専業型」の募集の仕組みを比較したモデルです。ありとあらゆる不動産会社に幅広く行う募集方法に対し、自社1社だけを窓口とする募集方法、どちらのタイプが客付けに有利かは一目瞭然です。

募集窓口が自社のみに絞られてしまうのは、なるべく早く空室を埋め利益を最大化

管理会社選び
チェックポイント

□ 管理実績（管理戸数・入居率）を公開しており、入居率が95%以上を維持しているか？

□ 管理専業型、もしくは自社内で管理部門と仲介部門が明確に分かれているか？

□ 税理士・弁護士・建築士等、不動産経営に関係する専門家との提携・協力体制があり、アドバイスを受けられるか？

したいというオーナーにとって、不利益だと言わざるを得ません。幅広い募集ができる管理専業型を選択することが、高入居率実現の近道だといえるでしょう。

管理会社選びのチェックポイント

最後に、管理会社選びのチェックポイントをお伝えします。

管理会社には賃貸経営の多くの部分を任せることになりますので、大切な資産を任せるにふさわしい、信頼できる会社を選びたいものです。

上記に管理会社のチェックポイントをまとめてあります。ぜひ管理会社選びの参考にしてください。

ケーススタディ（成功事例）

収益不動産の選択と活用方法は、目的によって大きく変わってきます。

ここでは、当社で担当したお客様の事例をもとに、目的ごと（資産形成、相続税対策）のケーススタディを作成いたしました。皆様の収益不動産購入の参考にしてください。

ケーススタディ①：資産形成・安定収入

住所：東京都大田区
年齢：60歳
職業：土木工事業経営
年収：1500万円
収益不動産購入の目的：将来の資産形成

収益不動産購入のきっかけ

A社長は土木工事業の会社を経営しています。本業である土木工事業は東京オリンピック開催という追い風を受け、業績は堅調に推移。しかし一方で、売上げの波が大きい本業の将来に不安があり、会社の余力があるうちに、剰余金を活用して何か新しい取り組みができないかと考えていました。

そんな時に、取引先の信用金庫から収益不動産による不動産賃貸業の話題を持ちかけられ、収入に波のある本業とは異なり収益不動産は収入の安定性があること、そして自らの時間や手間を極力かけずに取り組めることに魅力を感じ、本格的に収益不動産の購入を検討しはじめました。

物件選びから購入までのポイント

- 会社の所在地でもあり土地勘のある、東京都大田区エリアの物件購入を検討。
- 本業が順調であることから購入後は長期保有することを前提とし、将来価値が落ちないよう立地にこだわって物件を選択。
- 蒲田駅徒歩5分、築20年、1・6億円の鉄筋コンクリート造1棟ビルを購入。
- 物件の詳細調査の結果、所有者が高齢になったことによる売却であり修繕履歴が不明瞭であることが判明。契約前に簡易建物診断を実施し、修繕の緊急度を事前確認。

●将来に発生しうる大規模修繕工事を想定し、返済完了までのＣＦシミュレーションを作成。

●融資は取引信用金庫に依頼。築年数が経過していることから融資条件が心配であったが、本業の業績が好調なことから、好条件で融資を受けることが可能に。

購入後の運営状況

●２０１９年入居率：97％　税引後キャッシュフロー：１００万円／年

No	確認事項	確認結果	解決策
1	不動産特有のリスクを把握	所有者の高齢を理由とする売却のため、修繕履歴が不明瞭	建物劣化診断を実施し、修繕の緊急度を確認
2	キャッシュフローを試算	将来発生する修繕費用が未知数	簡易建物診断の結果をもとに、将来の修繕費用を考慮して試算を実施
3	将来的に賃貸需要が見込める立地か	駅前整備計画、羽田空港国際化等、将来的にも賃貸需要が十分見込める	―

収益不動産のキャッシュフロー（年間）

賃料収入	1000万円
運営費	▲200万円
返済	▲600万円
税金	▲100万円
税引後CF	100万円

ケーススタディ②：税対策（相続税対策）

住所：神奈川県大和市
年齢：70歳
職業：不動産賃貸業
収益不動産購入の目的：相続税対策

収益不動産購入のきっかけ

Bさんは地元でも有名な代々の地主です。大きなご自宅をはじめ、月極駐車場、賃貸不動産を3棟と不動産を多く保有していました。

しかしここ数年、月極駐車場の稼働率が低下、最も好調だった時と比較すると、月極駐車場の収入が3分の1になっていました。そこでBさんは相続税対策も兼ねて、月極駐車場に賃貸マンションの新築を検討し始めました。

物件選びから購入までのポイント

●市場調査の結果、月極駐車場の周辺は賃貸アパート・マンションが供給過多エリアで、これから新たに賃貸マンションを新築するには空室や賃料下落リスクが高いと判断。そこで月極駐車場を売却し、その資金で好立地の収益不動産を購入する「資産組み替え」を実施する。

●将来の相続人であるご子息が東京都目黒区に住まいを構えていることから、なるべく管理がしやすいよう、ご子息の住まいの近くの物件を検討。

●東京都目黒区に駅徒歩4分、築5年、2億円の鉄筋コンクリート1棟マンションを購入。

●事前調査の結果、隣地との敷地境界が不明瞭であることが判明。引渡し前に隣地立ち合いのもと、測量・境界確定を実施して物件課題を解消。

●他の不動産所得も考慮しつつ、借入完済後までのシミュレーションを実施。

購入後の運営状況

●2019年入居率：96％　税引後キャッシュフロー：150万円／年

●月極駐車場から賃貸マンションに組み替えを行ったことにより、相続税を約

3100万円節税。かつ、キャッシュフローも月極駐車場と比べて年額120万円上昇。

●相続税対策だけでなくキャッシュフローの改善にも成功し、納税資金の確保にもつながっている。

No	確認事項	確認結果	解決策
1	不動産特有のリスクを把握	隣地との敷地境界が不明瞭であることが判明	引渡し前に隣地立ち合いのもと、測量・境界確定を実施して物件課題を解消
2	キャッシュフローを試算	他の不動産所得も考慮しつつ、借入完済後までのシミュレーションを実施。問題なく完済できること、相続税対策になっていることを確認	−
3	将来的に賃貸需要が見込める立地か	主要ターミナル駅まで12分と交通利便性が高く、環境の良い立地のため、将来的にも賃貸需要が十分見込める	−

相続税額の試算

対策後

相続税課税総額	6億9200万円
相続税	1億1700万円

対策前

相続税課税総額	8億6500万円
相続税	1億4800万円

●中小企業診断士コラム 4

製造業と不動産賃貸業の共通点 ～全体最適の重要性～

製造業・小売業・食品業などのモノづくり産業において、よく用いられる経営マネジメント手法にSCM（サプライ・チェーン・マネジメント）があります。SC（サプライ・チェーン）とは、原材料の調達・製造・在庫管理・物流・販売、そして消費まで、原材料が加工され消費者の手に渡るまでの一連の流れ（プロセス）のことを指します。

不動産賃貸業も「不動産」という商品を顧客に届けるという意味でSCの考え方が適用できます。

SCMで大切なのは全体最適の視点です。全体最適の視点とは「原材料から商品を作り、それを消費者の手元に届けるという過程を、個々別々に分断して考えるのではなく、一つのチェーン（鎖・つながり）として捉え、どのようにすれば全体がよりよい状態になるか」という視点で考えることです。

賃貸管理においてお商品をお客様に提供するまでの流れは、退去→原状回復→募集→審査→契約・・・という一つの大きなプロセスになっています。これらの業務はすべてが一連の流れの中で行われますので、どこかのプロセスで不具合が生じると、その影響はその後のプロセスにも悪影響を及ぼします。

例えば、募集活動に特に力を入れて仮に満室を実現できたとしても、入居審査をおざなりにし、結果、滞納や近隣トラブルを繰り返すようなトラブルメーカーが入居してしまったらどうなるでしょう。その部屋の賃料収入が得られないばかりか、滞納賃料の回収や退去のために余計な手間や費用が発生することに加え、他の入居者の退去につながる可能性もあります。

賃貸管理においても、すべてのプロセスが相互に関係性を持っていることを意識し、いかにプロセス全体を最適化するか、という視点で日々の管理業務を行うことが大切です。業務全体の最適化を行うことができれば、結果的に工事期間や募集期間の短縮、賃料の向上、退去防止などにつながり、賃貸経営全体がよいサイクルで循環し始めます。

なお、賃貸経営の全体最適化ができているか否かは、数字で確認・管理していく

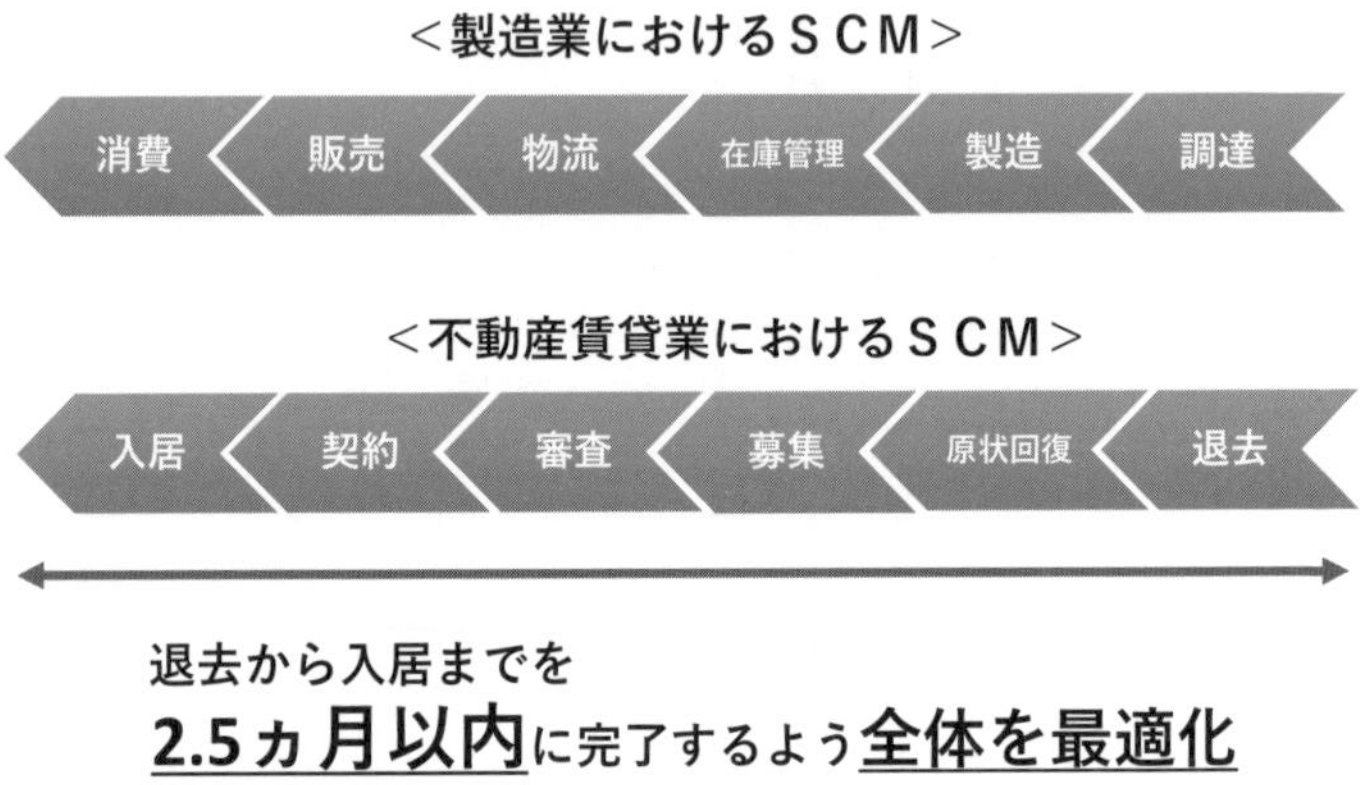

ことが望ましいです。例えば当社では、入居率は95％以上、滞納率は1％以下という指標を一つの基準としています。この二つの数字を基準にしているのは、入居率と滞納率は賃貸オーナーの収益に直結するという理由はもちろん、その水準を維持することが、賃貸経営における業務プロセスの最適化にもつながっていると考えているからです。

もし仮に、物件単体で年間95％の入居率を維持しようとした場合、退去が発生した後、少なくとも2・5カ月以内にはその部屋に次の入居者に入ってもらう必要があります。2・5カ月というと余裕があると感じるかもしれませんが、実務の現場からすると決してのんびりなどできません。この2・5カ月以内にすべき業務は、退去受付から始まり、解約清算・リフォームの打合せと施工・募集・審査・契約と多岐にわたります。特にリフォーム工事のプラン決定や施工に時間がかかると、募集をスタートできる時期も遅れ、2・5カ月などあっという間に過ぎてしまいます。

なお、当社では独自のリフォームプランを複数用意し、より短い発注期間・工期でリフォームが完了する仕組みを整えています。見積もりや請求書のやり取り一つにしても、時間のロスを少なくするため、当社と協力業者間で工事の進捗状況を管理できる基幹システムを導入しました。募集面でも、図面作成や不動産会社への告知を瞬時にできるシステムを整えています。このように、細かい業務一つひとつを効率化していくことが、賃貸経営全体の最適化につながり、結果として高収益化につながるのです。

すでに賃貸不動産業を営んでおられる方であれば、現在の各種業務で、どこか改善できる点はないか、日々PDCA（Plan・Do・Check・Action）を繰り返すことが大切です。もしご自身では改善が難しいという場合には、管理会社と協力体制を築いてみてはいかがでしょうか。

第5章

入居率95％超えを 84カ月連続で達成し続ける 「市萬」の“とっておき”管理事例

収益不動産による不動産賃貸業は、購入してからの管理次第でその収益が大きく変わってきます。

当社では、実経験からの入居者ニーズを踏まえたリフォームや幅広い入居者募集を行うことで、95％超という高入居率をここ84カ月連続で達成し続けています。

本章では、そんな管理事例の中より本書のテーマに合ったいくつかの事例を詳しくご紹介していきます。

自転車置場

暗さと古さを解消し、使いやすく

床面を塗装することで古さを払拭。屋根に照明をつけることで、夜も明るく使いやすく改修

ゴミ置場

常に清潔に使えるよう、ゴミストッカーで見た目も美しく

風や動物などで周囲にゴミが散らからないよう、フタ付きのゴミストッカーを設置。見た目も美しく、臭いも漏れないため、ゴミ置場周辺は常に清潔に。また、コンクリートの壁も洗浄し、古さと暗さを払拭

市萬の管理事例　①

清潔感と明るさを演出した共用部整備

建物	1987年2月築　鉄筋コンクリート3階建
	1R×15戸
交通	最寄駅　徒歩13分

対策の結果　入居率　80%　→　95 %（共用部整備工事翌年の年間平均）

エントランス　壁や床面を塗装し、エントランスを明るく清潔な印象に

対策前の課題

RC打ちっぱなしの外観が、古く暗い印象に。空室3室が長期化していた

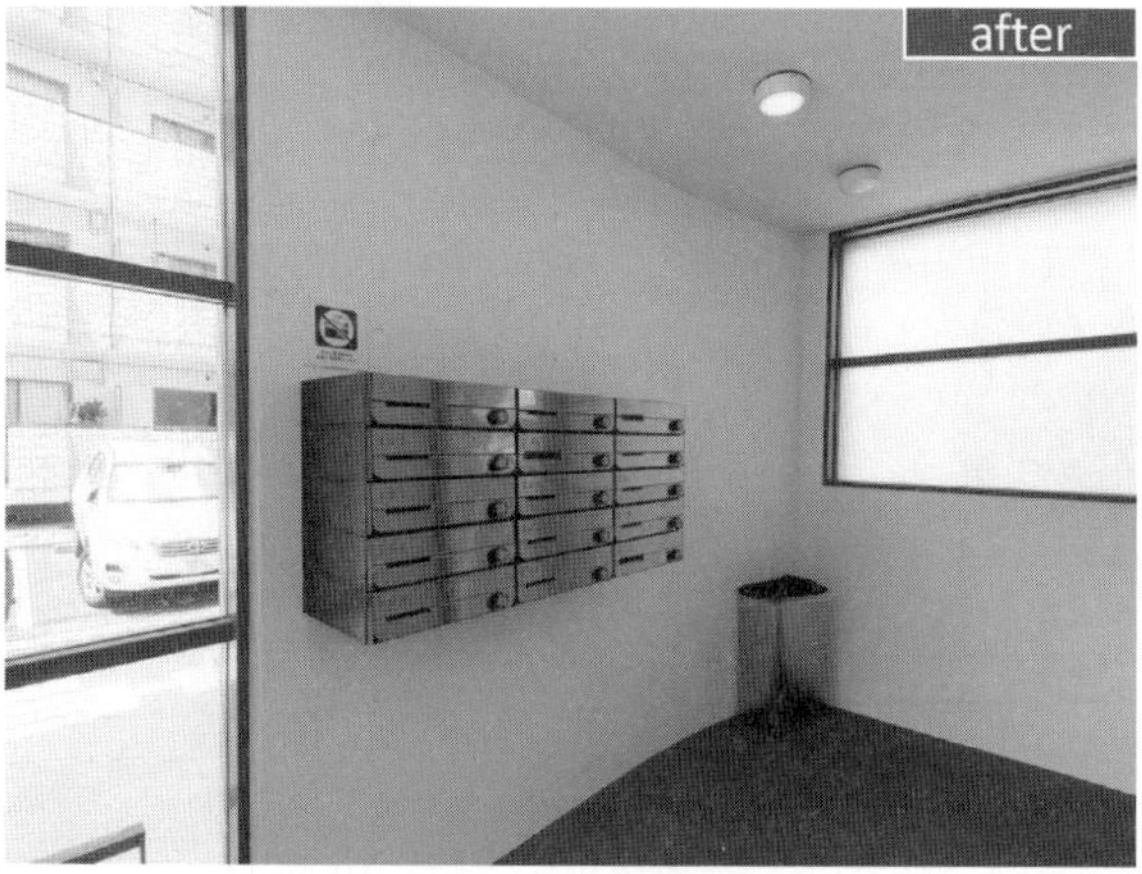

壁を白く塗り直し、集合ポストやごみ箱を新しいものに交換。暗い印象だったエントランスが夜でも明るく、オシャレな空間に

共用部　雑然としやすい箇所を整備

ポストは建物になじむカラーで塗装。駐輪場を整備し、整然とした印象に

室内　和の雰囲気を残しつつ、モダンな印象を演出

間取り変更（2DK→1LDK）
天井に施した紺色のアクセントカラーと木の温かみを活かしたデザイン

市萬の管理事例　②

入居者の嗜好にオンリーワンの魅力をプラスしたリフォーム

建物	1976年6月築　木造2階建
	1R×2戸 / 1LDK×3戸 / 2DK×2戸
交通	最寄駅　徒歩3分

対策の結果　賃　料　75,000円　→　102,000円
入居率　83%　→　97.6 %（リフォーム工事翌年の年間平均）

外観・エントランス　和の雰囲気を活かし、効果的に「木」を使い差別化

対策前の課題

好立地にも関わらず、一般的な賃貸アパートのため、新規の入居者が入らない。そのため、入居者の高齢化が進み、賃料が下落。空室が長期化していた

窓に、木調シートを貼った面格子を設置。庭の目隠しに木製の塀を採用。白く塗装し直した壁と木調が清潔感と温かみを感じさせる。

駐輪場

見た目にも、使い勝手にも配慮して、駐輪場を新設

駐輪場を通路から駐車場の空き区画に移設。敷地内の一角の倉庫を撤去し通路を広く確保

室内

どのようなコーディネートとも合わせやすい
白で統一された新築のような室内

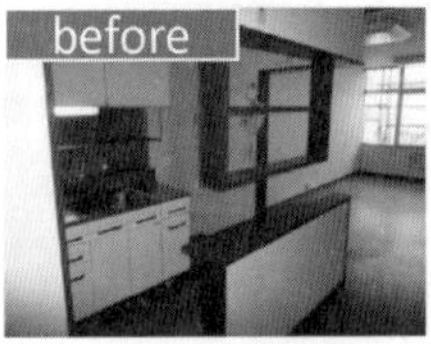

経年で味が出る無垢材の床、キッチン設備は明るい面材を採用

市萬の管理事例　③

トレンドに合わせた専有部リフォーム工事と共用部整備

建物	1974年3月築　鉄筋コンクリート造3階建
	1LDK 1戸 / 2LDK 10戸 / 3LDK 6戸 / 4LDK 1戸
交通	最寄駅　徒歩9分

対対策の結果　賃　料　130,000円 → 160,000円
入居率　82 % → 99 %(リフォーム工事と共用部整備翌年の年間平均)

外観・エントランス　明るいカラーで古さを感じさせず、且つ重厚感を残す

対策前の課題

築後40年経過し、使用に伴う劣化や汚れで暗い印象となっていた。それに伴い、賃料は大幅に下落し、複数の空室があった

外観を明るくリフレッシュ。エントランス床にはコンクリート平板をタイル風に敷き、古い印象を改善。白とこげ茶のコントラストでモダンに

募集営業　有力な仲介店舗・営業担当者に物件情報を直接提供

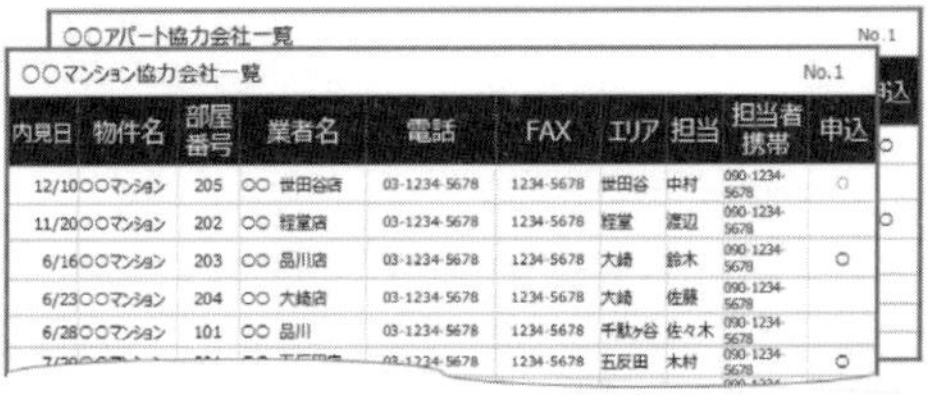

内見日	物件名	部屋番号	業者名	電話	FAX	エリア	担当	担当者携帯	申込
12/10	○○マンション	205	○○ 世田谷店	03-1234-5678	1234-5678	世田谷	中村	090-1234-5678	○
11/20	○○マンション	202	○○ 経堂店	03-1234-5678	1234-5678	経堂	渡辺	090-1234-5678	
6/16	○○マンション	203	○○ 品川店	03-1234-5678	1234-5678	大崎	鈴木	090-1234-5678	○
6/23	○○マンション	204	○○ 大崎店	03-1234-5678	1234-5678	大崎	佐藤	090-1234-5678	
6/28	○○マンション	101	○○ 品川	03-1234-5678	1234-5678	千駄ヶ谷	佐々木	090-1234-5678	
[illegible]	[illegible]	[illegible]	[illegible]	03-1234-5678	1234-5678	五反田	木村	090-1234-5678	○

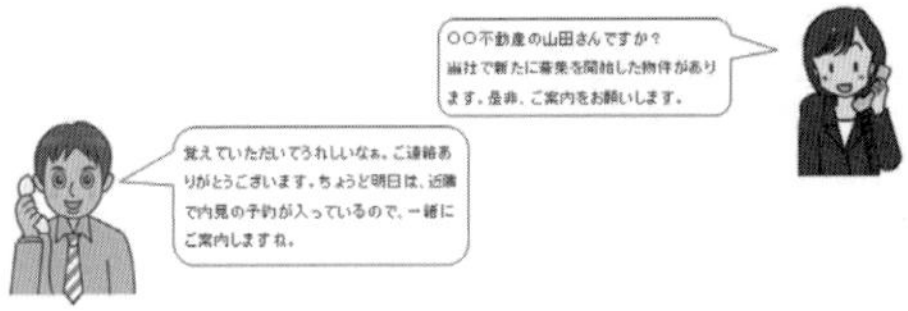

after　広域の仲介会社から申込みがあり、入居率が大幅に改善

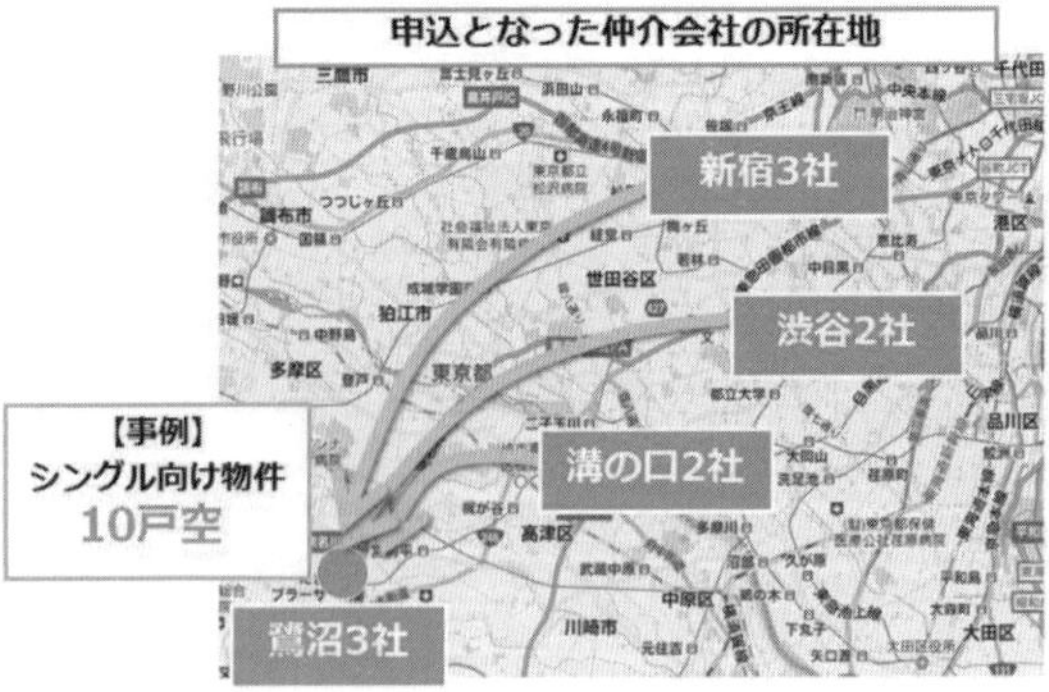

市萬の管理事例　④

営業力アップのための幅広い募集と募集営業

建物	1991年3月築　鉄筋コンクリート造4階建
	1R×37戸
交通	最寄駅　徒歩11分

対策の結果　入居率　72%　→　95 %(募集対策実施翌年の年間平均)

幅広い募集　広域の仲介店舗に物件の情報を提供

対策前の課題　地元の賃貸仲介・管理一体型の管理会社に募集を依頼していたが、他社には募集情報が十分に行き渡っておらず、入居率が低下

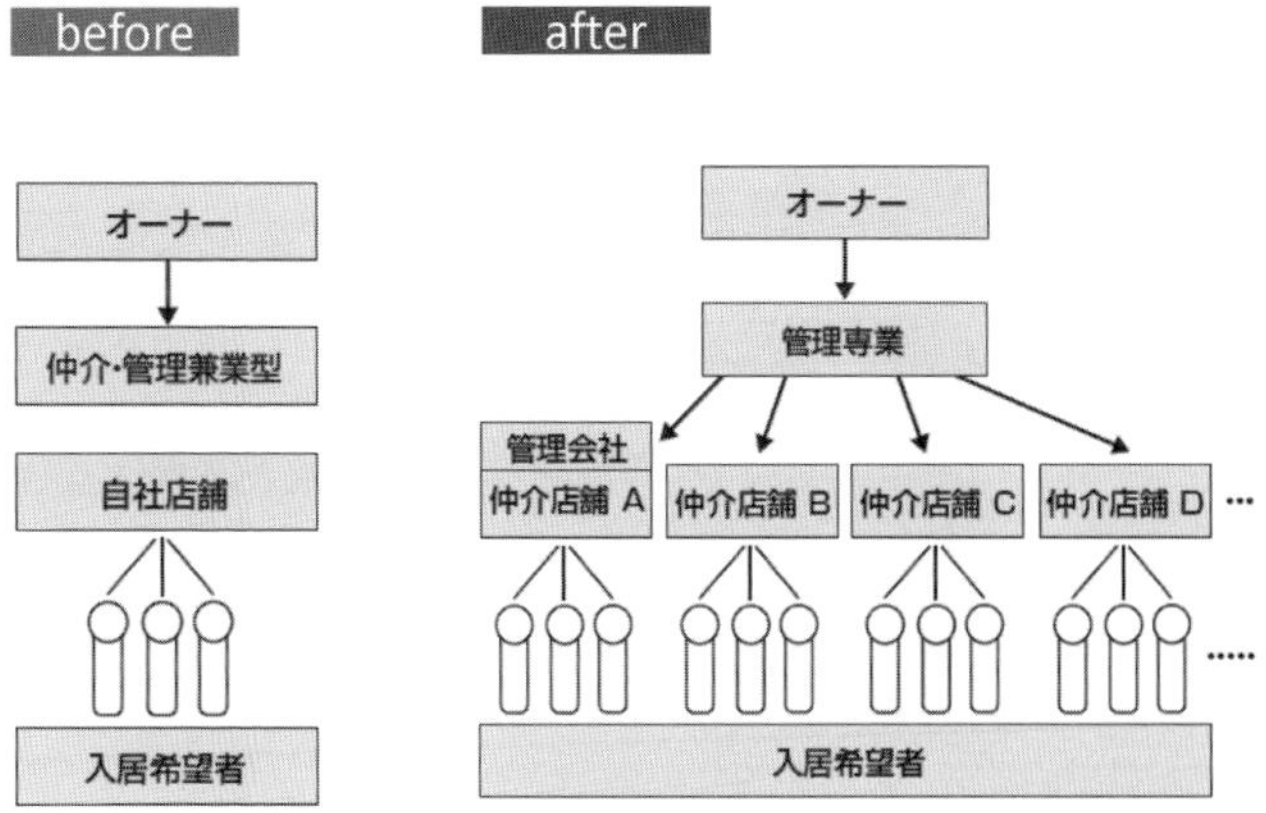

賃　料

誰もが気になる賃料は一目でわかるように。また、お金に関わることをまとめて表示することで、初期費用がいくらなのかわかりやすく、すぐに検討できる

案内する不動産会社へ

速やかにかつ積極的に紹介してもらえるよう、広告掲載の可否や内見方法などを明記

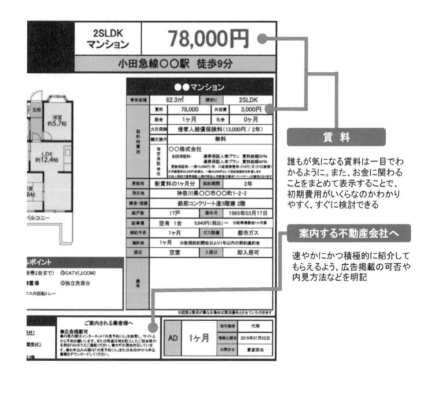

市萬の管理事例　⑤

魅力が伝わる募集図面を作成し、幅広く募集

建物	1985年3月築　鉄筋コンクリート造3階建
	2SLDK×12戸 / 3LDK×5戸
交通	最寄駅　徒歩9分

対対策の結果　入居率　60％　→　99％

募集図面

キャッチコピー

物件の特徴をとらえた具体的でわかりやすいコピー

写真

現地案内図

最寄り駅との位置関係や現地周辺のイメージがわかるような地図を掲載

アピールポイント

入居者が気になる設備などについても、わかりやすく表記

特別座談会

データから読み解く、最新の収益不動産価格の推移と今後の見通し

健美家株式会社 代表取締役社長 倉内 敬一氏
×西島 昭×山村 諭史

【プロフィール】

・倉内 敬一　健美家株式会社 代表取締役社長

宮城県出身。大学卒業後、株式会社リクルートに入社。住宅情報（現SUUMO）事業において賃貸、流通及び分譲部門を担当。2006年より不動産販売会社にて、1棟ビル、マンションのリノベーション・コンバージョン及び売買を担当。

2008年健美家株式会社入社。2011年健美家株式会社取締役に就任、2012年代表取締役社長に就任。収益物件の紹介、著名な不動産投資家によるコラム、最新の不動産投資ニュース、全国の大家さんのブログ集、セミナー情報等、「不動産投資にかかわる多くの人たちに役立つ情報」を提供している不動産投資と収益物件の情報サイト「健美家（けんびや）」を運営中。

・西島 昭

大学卒業後、株式会社リクルートに入社。1999年不動産に関する問題解決に特化したコンサルティングを行う株式会社市萬を設立。総合的な不動産コンサルティング事業を展開。2016年6月には全国10万社を超える業界団体（全宅連）より「会の向上発展のために功績顕著な会社」として表彰を受ける。

・山村 諭史

岩手県出身。CPM®（米国公認不動産経営管理士）、中小企業診断士、宅地建物取引士、2級ファイナンシャル・プランニング技能士。大学卒業後、不動産周辺ビジネスを扱う商社を経て、2012年に株式会社市萬へ入社。

現在は資産コンサルティング部に所属。不動産オーナーへの相続対策、土地有効活用、資産有効活用に関する業務を担当。

不動産投資家より圧倒的な支持を得ている、国内最大級の不動産投資と収益不動産の情報サイト「健美家」（https://www.kenbiya.com/）の倉内社長をお迎えして、収益不動産業界の動向、金融機関の融資姿勢、そして収益不動産で成功するオーナーになる秘訣まで、３人が語る座談会を開催しました。

●収益不動産価格は上昇下落繰り返し、少しずつ下落傾向に

西島：不動産相場には波があり、さまざまな要因で変動しています。本書の読者をはじめ収益不動産購入を検討されている方からみると、いつが収益不動産の買い時なのかということは、非常に大きな関心事ではないでしょうか。

倉内：おっしゃる通り、収益不動産価格の推移には波がありますね。弊社では２００８年からデータをとり、毎月および四半期に一度、統計レポートを出していますが、価格に関しては２０１７年あたりからトレンドに変化が起こってきましたね。かぼちゃの馬車の事件やレオパレスの一件など、業界的に大きな動きがあったのは、皆様ご存知だと思います。

西島：業界に動きがあったのは2018年くらいですか。

倉内：はい。2017年から2018年の頭になりますね。2018年の4月以降に金融的な問題として、融資が出づらくなったといわれてから、1年～2年になるでしょうか。

融資が引き締められると、価格が下がり始めるといわれています。実際、地方の人口減少地域に関しては、価格が下がり始めています。都内では沿線や駅によっても状況が違いますが、上がったり下がったりというのを繰り返しながら、全体としては少し下がり気味になってきているということがデータに出ています。

西島：あれだけの事件があったので、私自身はもっと相場に与える影響が大きいかと

一都三県：価格推移（登録）

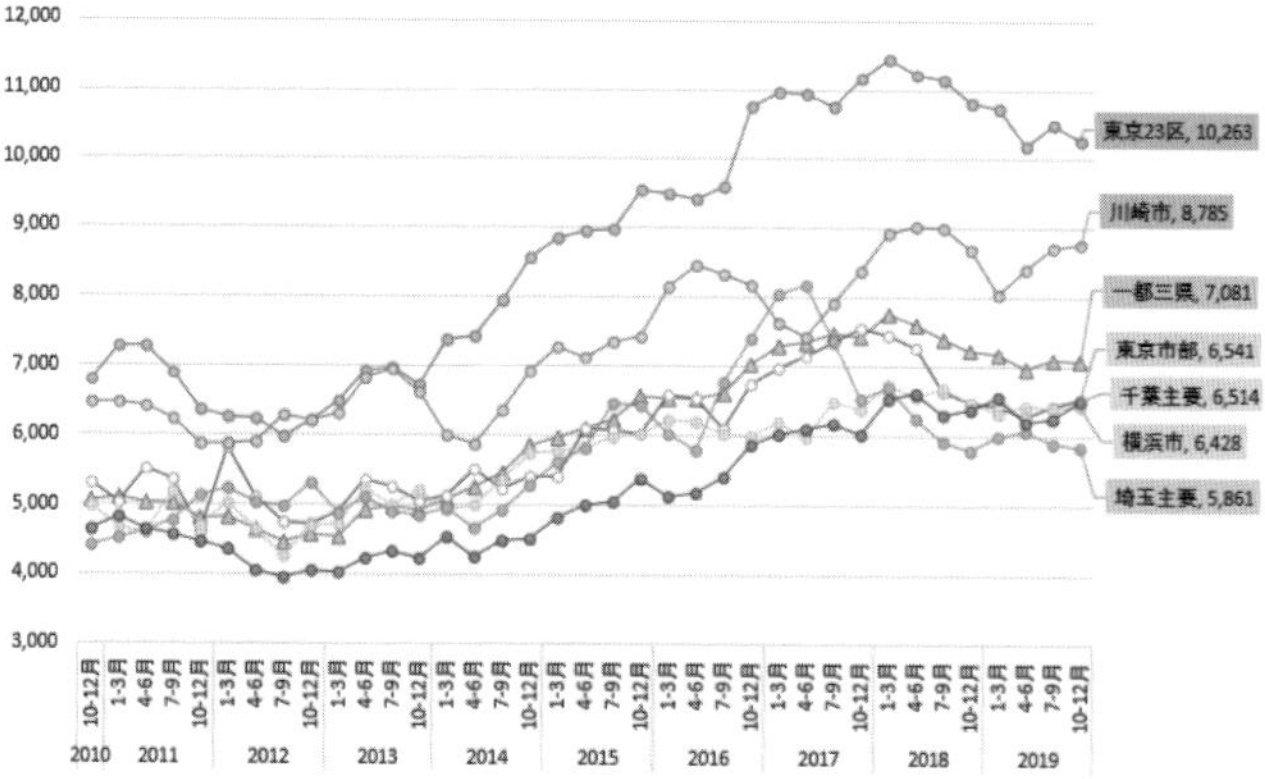

一都三県：価格推移（登録）

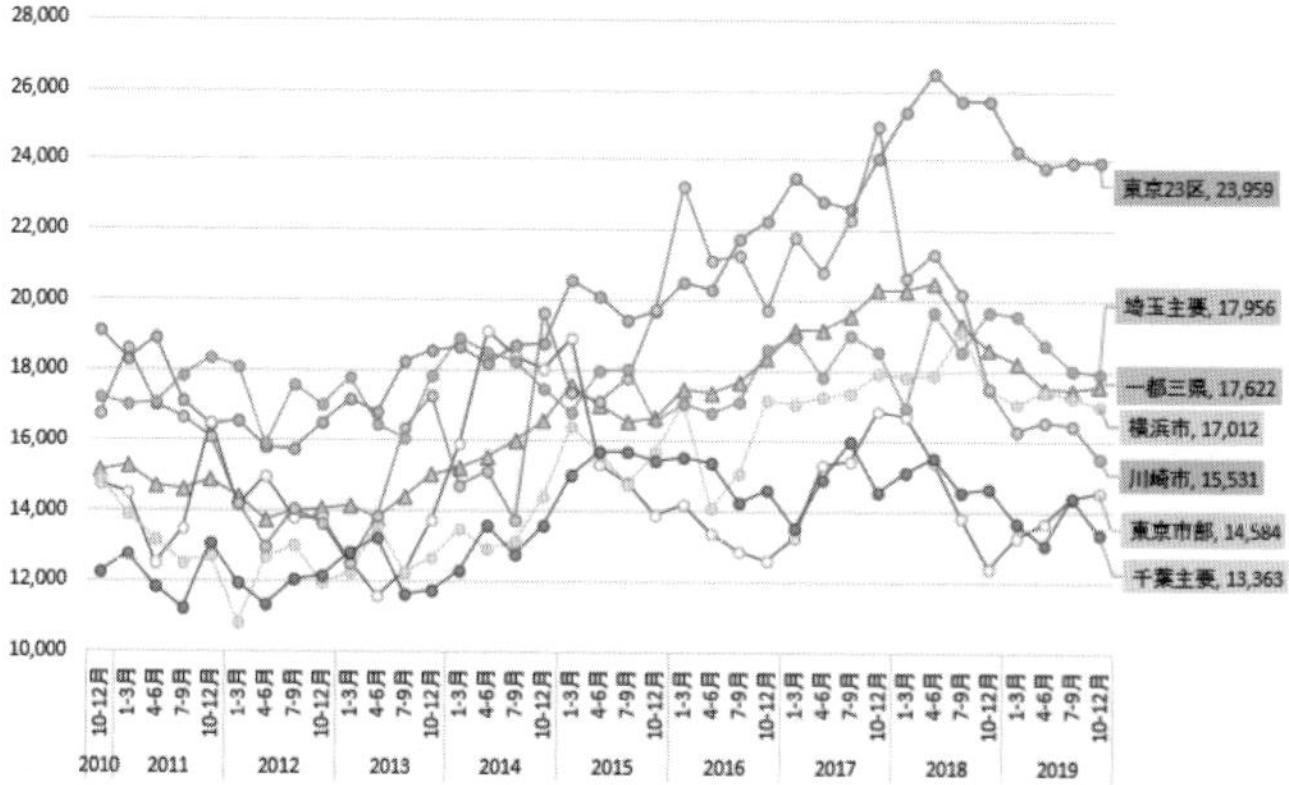

出典：健美家　収益物件 市場動向 四半期レポート2019年10月～12月期

健美家サイト月間ページビュー数の推移

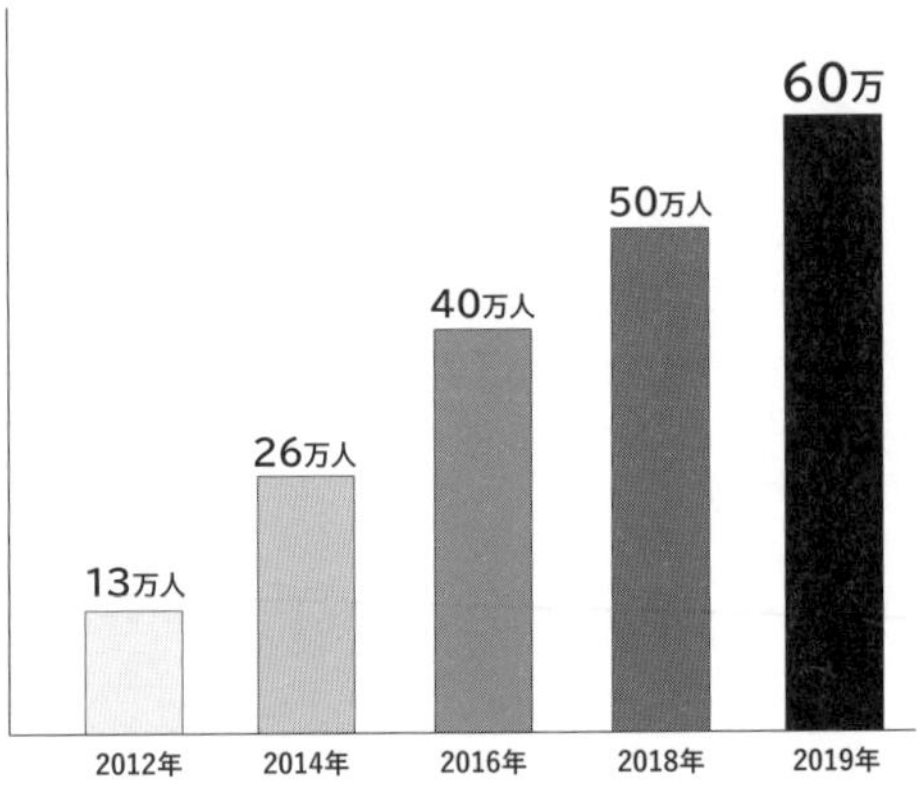

思っていたのですが、今おっしゃったように、まだ横ばいの部分があるというのは、依然として収益不動産を購入したいという需要があるということですね。

倉内：そう思います。弊社の運営している「健美家」は、月間あたり50～60万人くらいの方が見てくださっています。数として、月間の閲覧者の数はほぼ変わっていません。2017年、もしくは2018年あたりには変化しているポイントもあるのですが、そこからも微増しているような状況です。収益不動産に興味のある方、買いたい方というのは、相変わらず減っていない、むしろ増えているといえるでしょう。

西島：2020年はオリンピックが開催される予定の年でもあります。今後の収益不動産の動向を予想するのは難しいことですが、倉内さんはどのように考えておられますか。

倉内：一つ、予想ではなくて明確な事実があります。何かというと金利です。10年国債を見てみますと、2、3カ月前まではまだマイナス金利ということが続いておりました。これは報道もされている通りですね。今はちょっと上がってきていますが、それでも1・6％くらいで、非常に低金利の状態が続いています。一般的な考えでいうと、収益不動産の利回りは金利と連動しますので、金利が上昇するタイミングで利回りも上昇、収益不動産の価格が下がってくるというのは、わかっていることなんです。一つだけわからないのは、それがいつなの

かということですね。（笑）

西島：タイミングについていえば、オリンピック後には不動産価格が崩れるのではないかと、まことしやかに語られています。マインドの部分もあると思うのですが。

倉内：そうですね。弊社では、年に2回意識調査という形でアンケートを実施しています。この意識調査で必ずお伺いしているのが、「今後の市況はどうなっていくのか」ということです。ちょうど直近のアンケートは２０１９年の10月だったので、１年後というと東京オリンピックが終わったタイミングになりますが、54・９％の方が「価格は下落している」とお答えになっています。

現状認識は、下落が33・３％、上昇は30・９％、変わらない方が35％でほぼ均

1年後の収益不動産の価格についてのアンケート結果

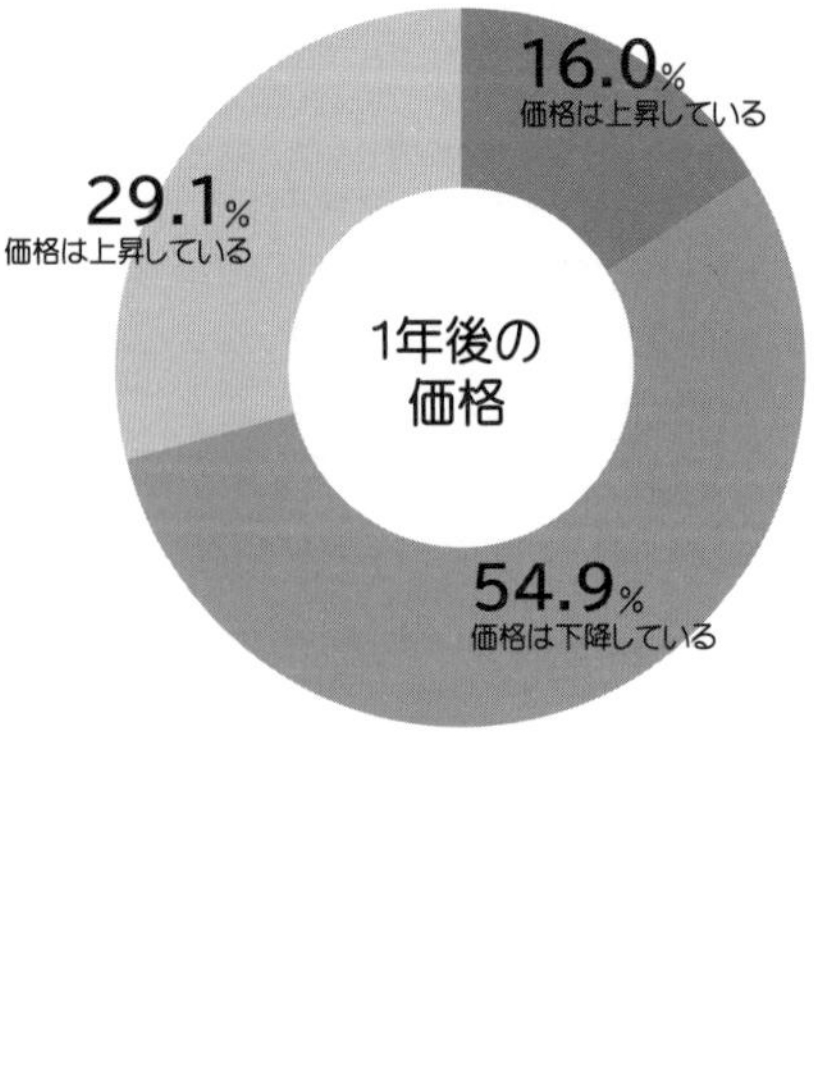

衡している状況なのですが、1年後は半数を超える55%近い方が下落すると思っている。これは購入を希望している方の期待値を含んでいるかもしれませんが（笑）。何かのタイミングで、市況に影響を与えるような事象が起きたときに、そのマインドの部分が現実的な数字に変わっていく可能性はありますね。

●収益不動産は安定収入が得られることが一番の魅力

西島：さきほど「収益不動産を購入したいというニーズが強いから、相場環境が変わってもサイトの訪問者数が下がっていない」というお話がありました。健美家さんのユーザーの方々は、収益不動産のどこに魅力を感じておられるのでしょうか？

倉内：入り口としてはやはり老後の不安をはじめとした、経済的な不安が最も多いです。そして実際に始めていくと、安定した収入が得られるというところが、一番の魅力になってくると思います。

通常の会社ですと、起業して売り上げがあがるまでには相当時間がかかるうえに、毎月の売り上げも安定しません。しかし収益不動産の場合は、中古の物件を購入するとオーナーチェンジという形で、売り上げが最初からついてきます。

もちろん、空室がある場合、満室にするという流れはありますが、入居者に一度入っていただけると、翌月にすぐ出ていくという方は、あまりおられないわけで、この事業のやりやすさや安定感というものが、非常に魅力的なのだろうと思います。

山村：そうですね。本書にも書きましたが、倉内さんがおっしゃったように、毎月の売り上げが見える、見通せる。こんなビジネスは他になかなかないと思います。また、今なにかご自身で本業をやっておられる方でも、ある程度最初に仕組みを構築さえすれば、自分の時間をあまり使わずに取り組めるというところも、魅力の一つではないかと思います。

倉内：どの事業でも関係するパートナーの企業がいろいろあると思いますが、不動産の賃貸事業に関しては、皆様共通の「売り上げ」の源泉は、入居者さんからいただく賃料です。なので、例えばリフォーム会社や賃貸管理会社など、その物件に関わる皆様がチームとして連携してうまくやることで、オーナーが会社勤めの方で時間がなくても、安定的に満室経営をすることができる。そこが事業として素晴らしい点です。

●チームプレイができるオーナーは成功する

西島：健美家さんのユーザーで、専業オーナーの割合はどのくらいですか。

倉内：専業オーナーとしての実数はカウントしていないのですが、まず大前提として、ある程度うまく行った後に、会社勤めを卒業して専業になっていく。地主の方達でもそうなのですが、もともとは違う事業で増やしたお金を不動産に切り替えるタイミングがあると思います。そこまでにはやはり時間がかかりますし、専業になれるような方は実感値では全体の1割もいないかもしれません。

西島：ということは9割の方が兼業で、ご自身の本業もある中で、不動産賃貸業を営んでおられるということですね。専業に限らず、成功しているオーナーに共通するところってなんでしょう。

倉内：いくつかあると思いますが、まず一つは、お人柄がいいことです。不動産賃貸業ではパートナーシップを結んでチームプレイでやっていくことが大切ですので、他の方と協力できる、お人柄がよい方がうまく運営できています。

西島：確かに、私たちも多くのオーナーの方々と接して、そう感じることがあります。やはりお人柄というのが重要なのですね。

倉内：例えば収益不動産は、正直どこにある物件でも買えるのですが、土地勘がない分、そこには盲点もあったりします。それをカバーしているのがオーナーの力量やコミュニケーション能力だったりする。たとえば四国の物件、九州の物件でも自分で行って、管理会社と協力してやっていけるのかどうか。なかなかそこまではできないとなると、自分で見える範囲に絞って対応していくとか、協力会社が近くにいて一緒にやっていくというのが、不動産としてはやりやすい流れだと思います。

●常に向上心をもって学び続けることが成功への道

倉内：あとは常に学習、勉強されているという点でしょうか。不動産賃貸業も一つの事業ですから、常にその状況の変化を見ながら、学習し続けなければいけないものだと思います。お任せの範囲の中でも、やはり経営者として、事業をコントロールをするための学習はしなければいけないと思っています。

あとは、情報をしっかり得ていくというところですね。

弊社はその情報を扱う仕事をしていますので、弊社サイトのコラムやニュースを読んでいただければ参考になると思います。

西島：健美家さんのサイトはすごく充実していますね。

倉内：365日、新しい情報をアップするようにしています。空室対策一つとっても、新しい方法というのが出てきますし、地域が変われればやることも変わりますし、新しい商品も出てくる。そういうことを知って情報をアップデートしておくことが、やはりオーナーとしては非常に重要です。
ただ、知っても一人ではできないというケースもあります。そこはやはり、関係各社の方達と協力をしながらやっていくことになると思います。不動産投資は本当に簡単なものではありませんが、やればやっただけ結果は出るものだと思っています。

西島：逆に、成功できないオーナーにも共通するところがありそうですね。

倉内：一つの話を聞いて鵜呑みにしてしまうとか、丸投げして自分で動かないとか、とにかく楽をして儲けたいとか、そういう方は失敗のリスクが高いと感じます。
弊社のコラムニストさん達でもそうなのですが、一般的にいえばすごく成功している方々でも、その裏側は苦労と失敗の連続です。そういう経験を糧にして、小さな失敗をしながらも継続した結果、成功につながっていったのです。これは詳細にコラムを読んでいただければわかるのですが、成功した部分、楽しく明るい部分しか見ていない人は、うまくいかないと「失敗した」と感じて諦めてしまうのかもしれません。
不動産投資を始めたけれどうまくいかないという方に「どれくらい勉強されましたか？」と聞くと、たとえば「本を3冊読みました」とか、「セミナーに行きました」というような答えが返ってきます。一方、成功されているオーナーは「本を50冊、100冊読みました」とか「セミナーには数え切れないほど行きました」こんな方ばかりなんですよ。そういうところの、情報量の差が大きい。あと継続性が違うのではないかと思います。

西島：健美家さんの会員様で成功されている方は違いますね（笑）
運営は管理会社に任せるとしても、自分である程度の情報は得て、自分自身も汗をかいて、なおかつチームワークよく、適材適所で、関係者と不動産賃貸業を行うことが成功の秘訣といえそうですね。

倉内：もう一つ、成功しているオーナーの特長があります。自らの情報をどんどん出されている方が多いです。「大家の会」などを作って、セミナーや情報交換をしています。もらうだけではなく自らも出す。そういった場でも、新しい発見や知識が身につきますよね。

西島： 当社で運営している不動産経営アカデミーでは、定期的にセミナーを行っていて、山村も講師をしています。不動産経営アカデミーを運営している目的も、やはりオーナー様にもっと情報を提供して知識をつけていただきたいからです。

山村： 不動産業界全体がそうなのですが、消費者と不動産会社の情報の格差というのが、まだすごくあると思います。不動産は、金額も大きく一生に何回も買うようなものではないので、普通の人であれば、知識はないのが当然です。

ですから、我々がもっている知識や情報を幅広く公開していくということ。そこが重要ではないかと思っています。

お客様からは「全部任せるよ！」といわれることもありますが、情報を知ったうえでお任せいただけるのと、全くわからないまま丸投げとはやはり違いますから。

●安定経営が見込めるなら融資は付く

西島：私自身、金融機関の融資姿勢がスルガ銀行の事件以来厳しくなってきているように感じているのですが、倉内さんはどう捉えておられますか？

倉内：今、一般的にいわれているのは、自己資金を求められるということです。金融機関もなかなか厳しい時代に突入しているというのが現状だと思いますので、どうしても融資事業でリスクの大きな事業に融資は出せないと。

しかし、そういう中でも、他の事業に比べると不動産は土地がある分、失敗してもゼロにはならない。そういう点では、やはり不動産は金融機関が融資をしたい分野であることに変わりはないでしょう。実は弊社のアンケートでもそうなのですが、まだ自己資金を入れていない、あるいは自己資金1割で融資を受けているという方が結構いらっしゃいます。

つまり自己資金や金利の調整などの条件面での交渉はあると思いますが、全ての収益不動産に対して融資をしないわけではなく、しっかり事業としてやられている方に対しては、融資は継続されています。この傾向は結構はっきりしています。

西島：自己資金がなくてフルローンで購入した方は、何かがあったときに、一気に事業としては成り立たなくなってしまいます。そういう、本来であれば融資が難しい方たちが物件を購入していたのが2017年あたりまででしょうか。その方たちが、

いるので、まずはそこが1番の声の発信源なのだろうと思います。

「2018年以降、融資が厳しくなった、厳しくなった」という風にいわれて

倉内：そうはいっても、今までの自己資金なしから、1割～3割自己資金を入れてください というのは、徐々に出てきています。もちろん手元の資金を極力出したくないというオーナー側の考え方もありますが、そこは金融機関との関係性の中でうまくやっていかないと、金融機関も成り立たなくなってしまいます。結論としては、融資情勢はそんなに厳しくはなっていない、というのが私の捉え方です。

例えばリーマンショック後、金融機関は「自己資金を3割入れてください」と言っており、かつ、地方銀行で融資をしているところはほとんどありませんでした。特に地方物件の場合は、地方銀行で融資を出されているところはほぼありませんでした。また、東京の物件だからよいというわけでもありませんでした。その頃に比べれば、今はマーケットが非常によくなっていて、自己資金さえ少し入れれば、融資を出してくれるところが結構あります。また、いまだ金利が低く、不動産価格も利回りも横ばい。世界で見てもこんなに投資環境に恵まれ

ている国はなかなかないでしょう。

西島：確かに。2年前に比べたら悪い、自己資金なしで買おうという人にとっては悪いけれど、融資量全体は今まで10だったものが、3や2になったわけではなく、絞られたとはいえ、まだ8くらいはあるわけですね。

倉内：2年、3年前までの融資のピーク時は、もしかすると2005年頃のプチバブルや平成初期のバブル時代と同じくらい、融資が出やすく収益不動産が買いやすいタイミングだったかもしれません。ただ以前と大きく違うのが、まず金利が低いこと。そして鉄筋コンクリート造だけではなく木造のアパートにも融資をしてもらえる時代になったこと。これは、10年前はありませんでした。

●融資は地元をよく知る地域密着の金融機関が狙い目

西島：そういう意味では、金融機関の融資姿勢も全体的には変わってきて買いやすい環境にあるということですね。

融資する金融機関を大きく分けると、メガバンク、地方銀行、地域密着の信用金庫や信用組合というくくりになりますが、私の印象では、メガバンクや地方銀行は、市況の波と融資姿勢が割とはっきり連動していて、地域密着の金融機関は、良い時も悪い時もある程度安定的、という印象があるのですが。

倉内：そうですね。２０１４年以降は、信用金庫と組合がどんどん融資を出されている、その割合が非常に増えているというデータも出てきています。地域がわかっている不動産に対する融資というのは、どこの金融機関でも変わらずにやられています。

西島：やはり不動産賃貸業では、その地域とオーナーを知っていること。そこが金融機関にしてみたら大事な情報なわけですね。

倉内：そうだと思います。不動産のこと

融資を受けた金融機関　58-1

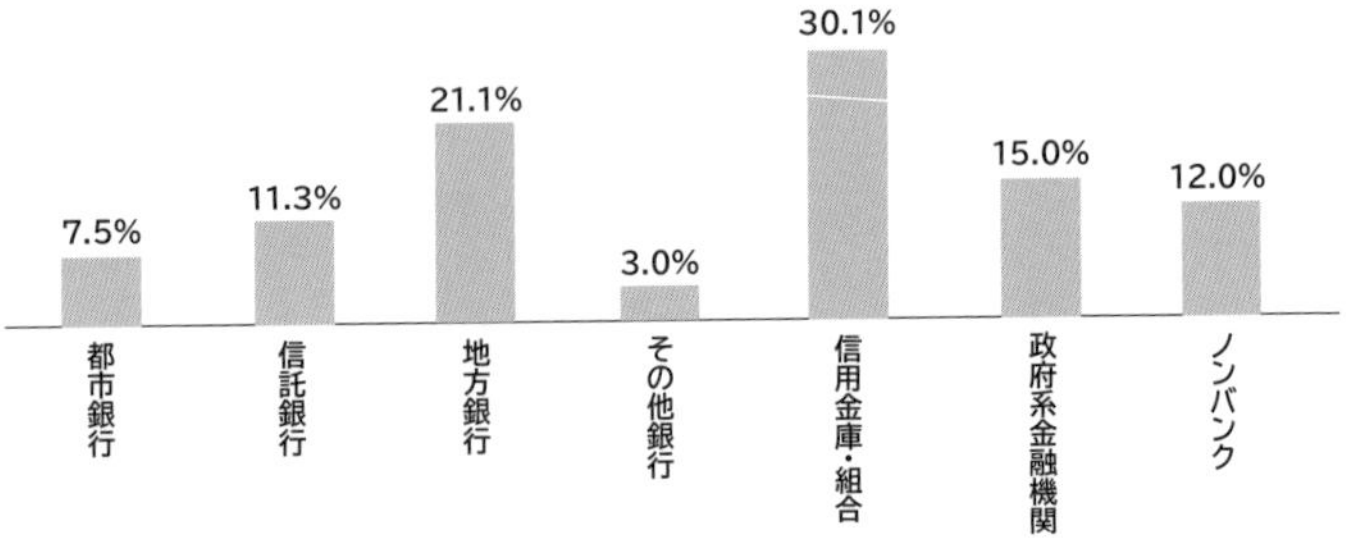
30.1%
21.1%
15.0%
12.0%
11.3%
7.5%
3.0%
都市銀行
信託銀行
地方銀行
その他銀行
信用金庫・組合
政府系金融機関
ノンバンク

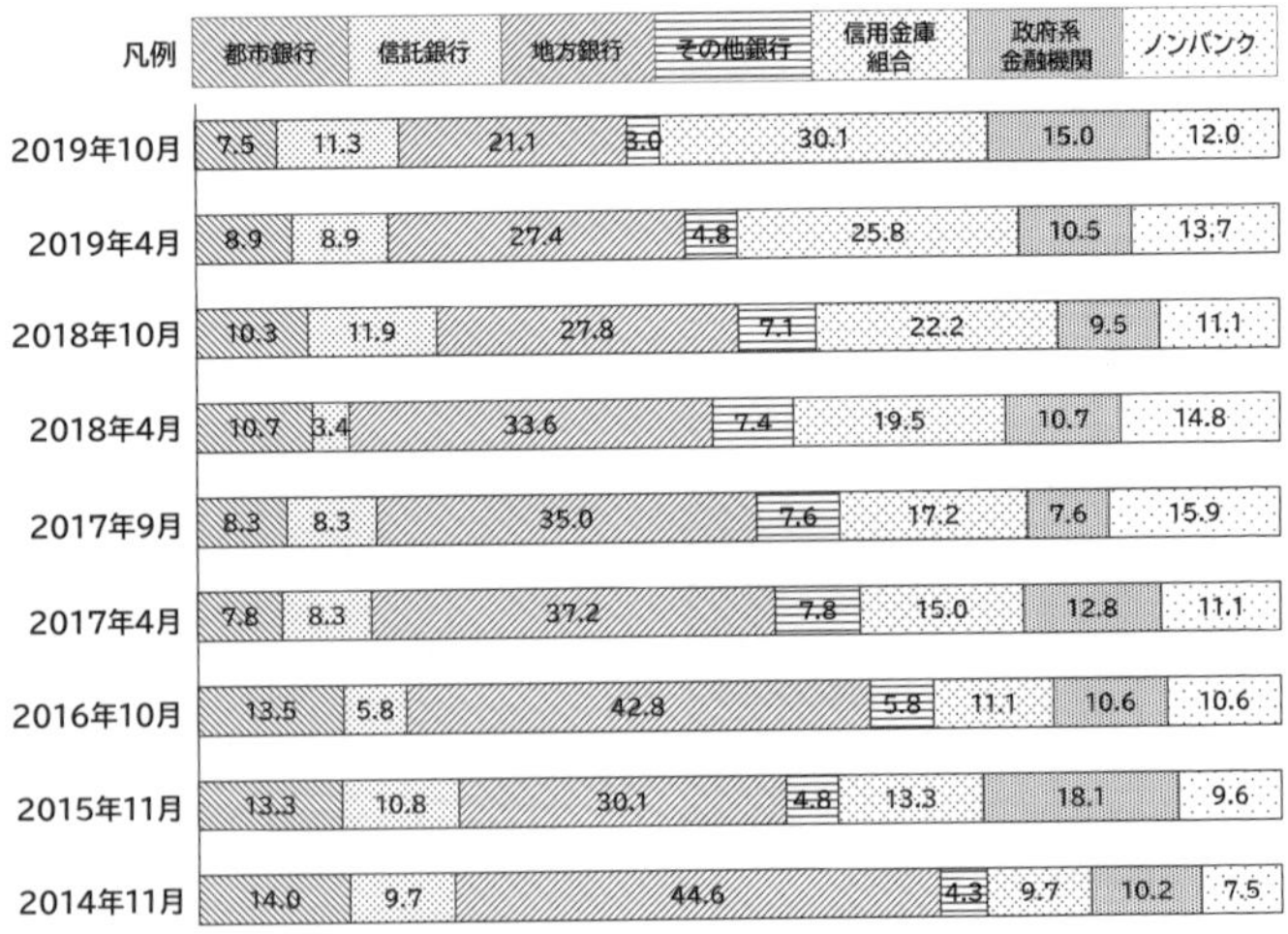
凡例
都市銀行
信託銀行
地方銀行
その他銀行
信用金庫 組合
政府系 金融機関
ノンバンク
2019年10月 7.5 11.3 21.1 3.0 30.1 15.0 12.0
2019年4月 8.9 8.9 27.4 4.8 25.8 10.5 13.7
2018年10月 10.3 11.9 27.8 7.1 22.2 9.5 11.1
2018年4月 10.7 3.4 33.6 7.4 19.5 10.7 14.8
2017年9月 8.3 8.3 35.0 7.6 17.2 7.6 15.9
2017年4月 7.8 8.3 37.2 7.8 15.0 12.8 11.1
2016年10月 13.5 5.8 42.8 5.8 11.1 10.6 10.6
2015年11月 13.3 10.8 30.1 4.8 13.3 18.1 9.6
2014年11月 14.0 9.7 44.6 4.3 9.7 10.2 7.5

出典：健美家「不動産投資に関する意識調査（第12回）」

はその近くの金融機関が一番よくわかっていますし、そこの管理状況や住民の様子も知っています。ここまでわかっていると、金融機関は融資をしやすいですよね。

西島：金融機関の方が取引先のオーナーに会う前に、融資をしている物件を見に行って、エントランスの状況や修繕などについてアドバイスをしている、という話を聞くことがあります。確かにそれは地域密着の金融機関でないとできないですね。

倉内：よくマンションは管理を買えといいますが、物件の管理状況によって、賃料や入居率も変わりますので、そこは非常に重要なチェックポイントなんだと思います。

西島：地域密着の金融機関をうまく活用して、融資だけではなくて、トータル的なサポートを受けるということも、賃貸経営では一つ大事なファクターですね。

●一緒に物件のことを大切に思ってくれる管理会社をパートナーに

西島：ところで、管理会社というのは賃貸経営のカギを握っていると思います。倉内さんの考える管理会社の選択基準を教えてください。

倉内：オーナー側から見ると賃貸経営は不安なので、自分たちより知識や経験が豊富な会社にお願いしたいですね。また、経験があるうえで常に学習もしていて相談相手として頼れるかどうか、向こうから適切な提案をしていただけるか、というのも重要だと思います。
システム化や分業化が進み、物件の契約をするだけの仕事やトラブル対応するだけの仕事など、完全に分業化されすぎていて、人が関わる部分が減ってきています。オーナーからするとやはり直接担当者に相談ができる、きちんと次に向かって一緒に進んでいける、そういうスタンスの管理会社を選ぶべきだと思います。

西島：管理会社としても、日々学習している勉強熱心なオーナー様に提案をして、納得してもらわないといけないので、勉強は欠かせません。提案といっても、なかには自社製品を売りたいとか、工事を請け負いたいという営業でやっている管理会社もあります。オーナーの立場で一緒に満室にしよう、賃料を維持しよう、というスタンスでやってくれるかどうかという点が重要です。

倉内：あとはやはり、入居率です。100%を求めるのは無理だとしても、高い入居率を維持する、それを数字だけではなく、その入居者のことを考えながらやっている会社がいいですね。ただ、高入居率を維持しているだけの会社もなかにはあると聞きますので、そこが非常に難しいところだと思いますが。

例えば、入れることは入れるけれど、出るのも早かったり、トラブ

ルが多いとか、問題入居者が多いとかですね。自分のアパート・マンションがそういう物件になってしまうと、保有していてもあまり気持ちのよいものではありません。

何か問題があっても、入居者にすぐに出ていただくことは、今の法律上は難しいですから、入居者の質なども一緒に考えていける管理会社かどうか。維持管理、掃除などがきちんとできているかということも含めて、物件を大切に思ってくれているかどうかですね。

山村：当社も一つの基準として、入居率は非常に強く意識しています。入居率を高く維持して適切な物件運営をしていくこと、具体的には入居率95％以上を維持すること。そういう目標値があると、ただ募集をすればいいというわけではなく、細かく業務を突き詰めていく必要があります。

例えば、解約の場合は滞りなく解約精算を進める、リフォームする場合は、どの様なリフォームをすれば賃料があがるか、より早く入居してもらえるかを考える、入居者からの要望対応での場合は、どういう対応をすれば入居者に喜んでもらえるか、長く住んでいただけるかを考える、などです。

「オーナー様の収益を最大化する」お手伝いを、オーナー様の代行として、管理面で支援させていただいています。

●購入後も頼れる不動産会社で購入する安心感

山村：不動産会社選びにあたって、そもそもどのような会社から収益不動産を買えばいいのかという問題があります。購入する際の不動産会社の選び方について、倉内さんがお考えになっていることがあれば、お聞かせいただけますか。

倉内：これも管理会社の選び方と似ているところがあります。やはり売ることしかわからない会社よりは、ある程度、買った後に何が起こるかをわかっている会社がいいでしょう。

管理の状況やお金の話も含めて、購入しようとしている人が今どのような状況で、これからどうなっていくのかということに対して、一緒にサポートができる管理会社。そのような会社と一緒に購入の方向で動いていけると、次の物件にも繋がりやすいと思います。

山村：目的をどこに置くかっていうところですよね。買うところに主眼を置いているのか、買ったあとも一緒に考えてもらえるのか。

倉内：そうですね。本来は買うことが目的ではなくて、そのあとの人生にどう利益をもたらすのか、というところだと思いますので。やはり投資家、大家側としても自分で学習して能力を高めていかないと、よいパートナーを見極めることもできません。

西島：当社でも購入のお手伝いをしていますが、買った後10年、20年も賃貸管理を通じて、オーナー様が購入の目的を実現できているかを見守っていく、最後までお付き合いする前提の仕事になるので、ある意味責任重大です。一般的な不動産会社だと売っておしまい、そこで取引が終わるので、売るためにどうしたらいいかという営業になってしまいがちですが、私たちのような管理もやっている会社ですと、オーナー様の目的をきちんと聞いたうえで、買っていただいた後にも満足していただくことを重視しています。

倉内：売って終わりじゃない、その責任意識があるかどうかが重要です。しっかりと管理をやっている、しっかりと売買の知識がある、売買と管理を一つのくくりとして考えていただけると、任せる側としても安心です。

西島：はい。今後もオーナー様の目線にたって、パートナーとしてお役に立てるよう努めていきます。本日は貴重なお話を、どうもありがとうございました。

※本対談は2020年1月に行われたものです。

おわりに

本書では、これまで当社が積み重ねたノウハウをまとめ、収益不動産購入において特に重要と思われるポイントについて、経験がない方にも、わかりやすく解説することを心がけました。

収益不動産とはどのようなものなのか？

その魅力と注意点とは？

購入する際に、配慮すべき点はどこなのか？

少しでも皆様にとってお役に立てましたでしょうか。

これからの日本は右肩上がりの時代ではなく、成熟した停滞の時代です。「人生100年時代」といわれていますが、多くの方にとっては、長い人生を謳歌できるという希望よりも、むしろ先行きの見えない将来への不安の方が大きいのではないでしょうか。

年金の不足分を補うため、あるいは効率的な節税をして次世代に資産をつないでいくために、収益不動産を購入したいと思われる方は今後も増加していくと考えられます。

繰り返しになりますが、収益不動産の購入はすなわち事業であり、その成功に絶対はありません。当社ではせっかく収益不動産を購入したのに、物件選びやパートナー選びで失敗し、運営にお困りのお客様からのご相談もお受けしています。

不動産はその名の通り動かせない資産であり、特に収益不動産の場合は物件選びと購入の段階で、成否がほぼ決まるといっても過言ではありません。ご相談をお受けしながら「もっと早く、購入前にご相談いただけたら・・・」と残念に感じることも少なくありません。

本書でも解説したように、収益不動産の購入は、適切な知識を持って取り組むことができれば、リスクを抑えつつ、資産形成や節税などの恩恵を受けることもできる、とても魅力的な事業です。

収益不動産によって、読者の皆様が将来の経済的な不安から解放され、より豊かで楽しい人生を送っていただけることを切に願っております。

そして何十年という長期間に及ぶ不動産賃貸業では、信頼できるパートナーの存在が不可欠です。これから収益不動産を購入しようとお考えの方は、ぜひ早い段階で信頼できるパートナーを見つけ、ご相談されることをお勧めします。

最後になりますが、本書でいくつかの実例を紹介させていただきましたお客様には、提案させていただいた対策にご賛同・ご協力いただいていることに感謝しております。その結果として、当社は多くのノウハウや実績を積み上げることができ、さらに多くの不動産保有者様の資産活用の成功につなげることができております。

また、本書編集協力でお力をお借りした河西様、小林様、そしてごま書房新社編集部の大熊様に深く感謝申し上げます。

皆様にこの場をお借りして御礼申し上げます。

2020年4月

株式会社市萬　資産コンサルティング部　山村 諭史

●本書は情報の提供等を主な目的としており、著者独自の経験・調査に基づき執筆されております。収益不動産購入が必ず成功することを保証したものではありません。収益不動産購入に本書を参考にされる場合でも、必ずご自身の責任と判断により行っていただきますようお願いいいたします。本書の内容に基づいて行われた収益不動産購入の結果につきましては、著者および株式会社ごま書房新社はいかなる責任も負いません。本書内のデータや法令等は執筆当時のものであり、今後変更されることがあります。また、昨今の新型コロナウイルスの影響により、現状に則さない表現となっている場合がございます。ご了承ください。

著者略歴

西島 昭（にしじま あきら）

株式会社市萬 代表取締役。

1965年兵庫県生まれ。大学卒業後、株式会社リクルートに入社。

1999年、不動産に関する問題解決に特化したコンサルティングを行う株式会社市萬を東京都世田谷区用賀に設立。30年に渡り、不動産に関わり金融機関からの顧客紹介によるビジネスモデルを築く。不動産有効活用、貸宅地の権利調整、相続対策、資産・事業の継承、賃貸不動産の運営管理、不動産売買の仲介等など、総合的な不動産コンサルティング事業を展開。

著作として「築20年超えのアパート・マンションを満室にする秘訣」「お金が貯まる不動産活用の秘訣」（ごま書房新社）ほか、累計5作執筆。
・Facebook【西島 昭】
facebook.com/people/Akira-Nishijima/100004052966434

山村 諭史（やまむら さとし）

株式会社市萬 資産コンサルティング部所属。CPM®（米国公認不動産経営管理士）、中小企業診断士、宅地建物取引士、2級ファイナンシャル・プランニング技能士。

1988年岩手県生まれ。大学卒業後、不動産周辺ビジネスを扱う商社を経て、2012年に株式会社市萬へ入社。入社後は、賃貸不動産所有者のキャッシュフロー改善、空室対策、バリューアップ工事の提案など、総合的な賃貸経営の支援業務に携わる。

その後、不動産売買業務を行う流通コンサルティング部を経て、現在は資産コンサルティング部に所属。不動産オーナーへの相続対策、土地有効活用、資産有効活用に関する業務を担当。収益不動産購入や賃貸不動産の経営支援にあたっては、数値を用いた分析で、理論的情報提供を行う。
・Facebook【山村 諭史】
facebook.com/satoshi.yamamura.98

・株式会社市萬　https://www.ichiman.co.jp
・不動産経営アカデミー（セミナー・講師依頼はこちら）　https://realestate-academy.jp/

「入居率95%超え」を誇る管理会社だからわかる「収益不動産」購入の秘訣！

著　者	西島 昭 山村 諭史
発行者	池田 雅行
発行所	株式会社 ごま書房新社 〒101-0031 東京都千代田区東神田1-5-5 マルキビル7F TEL 03-3865-8641（代）　FAX 03-3865-8643
カバーデザイン	堀川 もと恵（@magimo創作所）
編集協力	河西 麻衣
印刷・製本	倉敷印刷株式会社

ISBN978-4-341-08762-3 C0034